어두운 세상에 길은 있는가

허해구

책머리에

 탐욕과 거짓이 가득한 세상! 혼돈과 위선 속에 길을 볼 수 없는 세상! 인간의 의미와 진리의 빛을 찾아볼 수 없는 어두운 세상입니다.
 사람들은 부와 권력과 쾌락을 향해 정신없이 치닫고 있으며 세상은 그동안 지어놓은 나쁜 원인이 결과를 나타내 붕괴 현상을 보이고 있습니다. 하지만 이러한 말세 현상에 대해 종교와 학문은 대답할 능력을 상실해버린 지 오래며, 현대문명은 물질 자본주의라는 브레이크 없는 탐욕의 열차를 타고 조금도 망설임 없이 어둠과 절망의 나락으로 질주하고 있습니다.
 이처럼 한 치 앞도 내다볼 수 없는 현대문명의 혼돈과 한국사회의 처절한 고통 속에서 제가 일생동안 추구해 온 화두는 세상을 밝힐 절대적 진리가 있느냐 하는 것이었습니다. 만약 진리가 존재한다면 굳이 권하지 않아도 모든 사람이 스스로 믿고 따르겠지만, 존재하지 않는다면 인간의 미덕에 대한 모든 주장은 궤변에 불과하며 아무렇게나 살아가도 상관없는 일이었습니다.
 그래서 찾아 나선 진리의 길은 너무 힘들고 외로웠습니다. 그러나 하늘의 도움이 있어 위험한 고비를 넘길 수 있었고, 인간으로서 상상조차 할 수 없는 많은 체험을 하였습니다.

신앙과 명상, 요가, 기수행, 대주천, 단의 맺힘, 정수리의 열림, 참선, 화두 타파, 깨달음과의 만남 등 헤아릴 수 없는 많은 체험이 있었고, 마침내 꿈에도 그리던 진리의 빛을 보게 되었습니다. 그리하여 모든 의문은 사라졌으며 하늘이 무너져도 흔들리지 않을 마음을 얻게 되었습니다.

그 빛은 수천년 만에 다시 나타난 실상에 대한 진리로 칠흑 같은 어둠을 한순간에 깨뜨리는 영원의 빛이었고 현대사회의 모든 문제와 혼란을 해결할 수 있는 분명한 답이었습니다.

그러나 이 진리는 현대의 모든 문제에 대한 해결책을 제공할 수 있는 만큼 기존 지식체계를 뛰어넘는 것이었으며, 기성 종교와 학문에서 볼 때는 이질적일 수밖에 없었습니다. 그래서 오랜만에 다시 나타난 진리의 빛을 알아보는 사람은 드물었고 많은 반발과 비난이 있었습니다. 하지만 이러한 시련은 진리의 길을 가는 자가 짊어져야 할 당연한 짐이라 생각하며, 참 진리인 만큼 세상을 구하는 사실로 증명될 것입니다.

본서에서는 세상을 살아가면서 반드시 알아야만 할 삶과 깨달음에 관한 진실이 들어 있습니다. 진리, 사랑, 인생, 운명, 업, 윤회, 죽음, 영혼, 사후세계, 제사, 심령현상, 초능력, 기도, 마음, 견성, 반야, 해탈, 불성, 신, 말세, 정치, 경제, 교육 등 모든 의문에 대한 답이 있습니다.

진실한 사람을 찾아 인터넷에서 길을 전한 지 일곱 해, 인연이 무르익어서인지 많은 사람들로부터 책을 엮으라는 요구가 있었고, 출판사와 인연이 닿아서, 그동안 인터넷(진실의 근원: http://www.gincil.com)에 올린 글을 모아 세상에 내놓게 되었습니다.

  우연히 스쳐가는 길에서도 평생을 의지할 인연을 만날 수 있듯이 우리의 짧은 만남에서도 자신과 세상을 밝힐 진리를 만날 수 있을 것입니다. 지금 우리의 인연을 소홀히 하지 말고 조금만 관심을 기울이면 그토록 원하던 삶의 의미와 세상의 이치, 세상을 구하는 법과 깨달음에 이르는 길을 발견할 수 있을 것입니다.

  우리의 인연이 어두운 세상을 밝히는 불씨가 되기를 바라며, 이 책을 진리의 빛을 주신 스승과 인류의 행복을 갈망하는 모든 분들께 바칩니다.

2025. 07

진실의 근원 허해구

차례

책머리에...3

제1장 진리를 향해 내딛는 발자국

어두운 세상에 길은 있는가...11

인생이란 무엇인가...19

우주의 순환...27

무명과 악의 기원...36

말세의 운명...42

혼탁한 세상을 살아가는 법...51

경제를 살리는 길...59

교육의 요체...65

선과 악의 절대적 기준...73

운명과 미래...77

인연과 신의 뜻...85

사랑하는 법...90

혼전 성관계에 대하여...96

부부의 인연...100

장애에 대하여...106

유전자 조작...113

자살과 안락사...115

제사의 비밀...121

제2장 깨달음으로의 여행

완성에 이르는 길...133
깨달아야 하는 이유...146
영혼의 구조와 마음닦는 법...151
공덕행...161
깨달음의 실체...165
심령현상의 비밀...181
기를 처음 배우려는 분들에게...196
단전호흡의 실제와 허상...200
주문수련의 정체...203
수행과 실천...207
기도의 뜻...211
천도제...217
육식에 대하여...221
살생에 대하여...225

제3장 수행일기 - 깨달음의 길 • 229

제1장

진리를 향해 내딛는 발자국

어두운 세상에 길은 있는가

　너무나 어두운 세상이다. 눈을 들어 보아도 길은 보이지 않고 무의미하고 혼돈스러운 일상이 계속된다. 선하고 정의로운 자들은 가난하고 핍박받으며, 악하고 약은 자는 성공하고, 부패하고 탐욕스런 자들은 부귀영화를 누리고 있다. 그래서 어떤 철학자는 오늘의 현실을 인간이 감당할 수 있는 한계를 넘어선 25시라 하였다.
　사람들은 이런 현실을 보고 길을 찾기를 포기하고, 주어진 한 세상을 어떻게 해서라도 출세하여 세상을 내려다보며 큰소리치고 사는 것이 가장 현명한 일이라고 생각한다. 정말 세상이 이렇게 무의미하고 제멋대로라면 우리는 온갖 애를 태워 가며 삶의 진실을 찾고 좋은 세상을 만들려고 애쓸 필요가 없다. 없는 것을 찾아 인위적으로 세우려고 하는 것보다 어리석고 무의미한 일은 없기 때문이다.
　그런 제멋대로 된 세상이라면, 되는대로 욕망을 즐기며 세상을 마음대로 이용하고 갖은 악을 다 저지른다 한들 양심의 가책을 받거나 해를 당할 염려가 없다. 왜냐하면 세상을 지키는 어떠한 법칙이나 신성함도 존재하지 않기 때문이다.

그러나 삶 속에 본질적으로 신성한 뜻이 존재하고 완전한 진리가 흐르고 있다면, 우리들은 지금과 같이 인간의 의미와 가치를 외면한 채 세상 흘러가는 대로 아무렇게나 살아서는 안 된다.

그러므로 오늘날의 혼돈과 무의미에서 벗어나기 위해서는 인간의 삶 너머 이 우주를 주관하고 있는 신성한 근원과 살아 숨쉬는 진리를 밝히는 것이 무엇보다 중요하다. 하지만 이미 과학과 대중이라는 사이비 미신에 깊이 중독된 오늘날의 현실에서 이러한 사실을 밝힌다는 것은 계란으로 바위를 치는 격이며 매우 위험스럽기까지 하다.

어둠에 물든 이들은 자신의 거짓과 위선이 드러날 것을 두려워하여 폭력으로 이에 반발하기 때문이다. 하지만 우주의 신성함과 완전한 진리의 존재를 밝히는 것만이 흔들리는 인간의 가치와 의미를 바로 세울 수 있고 인류사회를 굳건히 세울 기반이기에 밝히지 않을 수 없다.

성자들이 분명히 밝힌 일이지만 이 세상은 절대 우연히 생겨난 것도, 제멋대로 움직이는 혼돈덩어리도 아니다. 그런 허황된 세상이라면 성자들이 자신의 생명을 바쳐서까지 사람들의 탐욕과 거짓을 꾸짖으며 진리를 지키라고 소리 높혀 외치지 않았을 것이다.

우리들은 지금 눈이 어두워 진리를 볼 수 없고 하늘의 뜻을 짐작할 수 없지만, 세상을 완전히 본 성자들은 이 우주 속에는 신성한 근원이 분명히 존재하며 세상을 밝히는 완전한 진리가 있다고 했다. 그분들은 이 세상이 신성한 근원에서 비롯된 완전한 조화체이며, 인간은 그러한 완전한 뜻과 질서 속에서 신성을 이루기 위해 태어난 고귀한 존재라 했다. 이와 같은 완전한 뜻과 법칙은 태초부터 이 우주를 지켜온 것이었으며, 성자들도 이 우주에 본래부터 내재하던 진리를 본 것이지 스스로 만들거나 개발한 것이 아니었다.

세상을 한눈에 꿰뚫어 볼 수 있는 지혜를 가진 성자들은 열린 눈으로 우주의 완전한 질서를 보고 어둠 속을 헤매는 중생들에게 영원한 진리와 생명의 길을 가르치신 것이다.

그러면 어떻게 해서 이 우주에 태초부터 완전한 뜻과 진리가 있었을까? 그것은 이 우주의 근원이 본래부터 완전한 신성이었음을 의미한다.

만약 완전하고 절대적인 근원적 존재를 전제하지 않는다면 살아 움직이는 생명체와 주어진 원인에 따라 완벽하게 반응하는 정신이 생겨날 수 없으며, 수십억 년간 우주의 운행과 사시사철의 변화를 한치의 오차없이 계속해 나가는 우주의 조화는 상상조차 할 수 없다.

칠흑같은 어둠 속에서는 아무리 헤매도 맴돌기만 할 뿐 스스로 길을 찾을 수 없다.
어둠 속에서 길을 보기 위해서는 다시 진리의 빛이 나타나야 한다.

이와 같이 우주의 근원으로 작용하고 있는 완전한 존재를 우리는 하늘, 신, 조물주, 창조주라고도 부르며 신성 또는 불성이라고도 한다. 이렇게 전지전능한 근원이 우주를 근거하고 있기에 이 세상을 완전하다고 하는 것이며 삶을 의미있고 가치있다고 하는 것이다.

어지러운 세상의 눈멀고 어리석은 중생들은 완전한 진리와 우주의 신성함에 대해 부정하고 있지만, 그것은 공기처럼 너무나 당연하여 느끼지 못할 뿐 물고기에 있어 물처럼 우리 삶에 있어 절대적이다.

우리들은 매일 학교나 회사에 나가 일을 하고 공부를 한다. 이런 일들은 매우 평범해 보이지만 그 속에는 완전하고 위대한 진리가 작용하고 있다. 즉 우리들이 매일 출근하여 일상생활을 영위하고 있는 삶의 내면에는, 그러한 노력이 우리들이 바라는 대로 결과를 가져오며, 새로운 원인이 가해지지 않는 한 기존 질서가 계속 유지될 것이라는 인과의 법칙에 대한 확신이 있는 것이다.

만약 이러한 법칙이 작용하지 않는다면, 내가 남의 짐을 들어주는 일이 야단을 맞을지 칭찬을 받을지 알 수가 없고, 돌멩이를 던지면 바로 앞에 떨어질지 우주로 날아갈지 확신할 수 없어 어떠한 행동도 할 수 없게 된다. 그러면 세상 속에는 어떠한 질서나 규칙도 존재할 수 없어서 세상은 곧 붕괴하고 마는 것이다.

그동안 우리들은 기성 사회의 모순을 너무 많이 목격했기 때문에 이러한 완전한 질서와 법칙이 존재한다는 사실을 부정하기 쉽다. 하지만 현재의 혼란은 인간들이 근시안적 욕심으로 함부로 이치를 어겼기 때문에 나타난 결과이니 오히려 인과의 법칙이 완벽하게 작용하고 있음을 말해준다. 그동안 인류가 저지른 수많은 나쁜 원인들을 생각해 볼 때, 세상이 이렇게 나빠지지 않았다면 오히려 그것이 이상한 일이다.

인과의 법칙은 지금도 한치의 어김이 없어서 좋은 원인이 많아지면 세상이 밝아지고, 나쁜 원인이 많아지면 세상은 불행해진다. 우리는 이러한 완전한 인과의 법칙을 지난 IMF 사태 때 뼈저리게 목격한 바가 있다.

개발독재 시절부터 나타난 수많은 악폐, 권력자의 자의적이고 정실적인 자원 배분, 투기를 일삼는 부도덕한 자본가, 불성실하고 이기적인 노동자, 사치스럽고 무질서한 국민, 출세 때문에 권력에 꺾여버린 무원칙한 공무원, 비효율적이고 비생산적인 경쟁력 등이 계속 쌓이자, 버티기에 한계를 느낀 나라는 더 이상 그 무게를 견디지 못하고 무너져 내리고 말았다.

이와 같이 세상 속에는 완전한 진리가 자리잡고 있기에 우리들은 하늘을 경외하고 인간의 길을 찾도록 노력해야 하는 것이다.

지금은 희미해진 이야기지만 생명의 흐름도 완전한 우주적 질서 속에서 조화를 이루고 있다. 이러한 완전한 생명의 질서에 대해 모든 성자들은 삶의 기본적인 구조로 밝혔지만, 교만하고 어리석은 과학은 이것을 미신의 영역으로 치부해버렸다.

1583년에 갈릴레오의 진자 실험을 계기로 성립한 과학의 증명 논리는 중세의 종교적 미신과 무지를 과학적 실험과 검증을 통해 타파하는데 크게 기여했다. 그러나 문제의 심각성은 과학이 자신의 인식 범위를 벗어난 신과 진리의 영역까지 함부로 결론을 내리는 우를 범하게 되었다는 사실이다.

처음 과학이 성립할 때 그들은 인식 가능한 물질적 현상만을 대상으로 삼고, 신과 진리의 영역은 검증 불가능한 영역으로 제외하였다. 그런데 교만한 과학자들이 기존의 유물적 현상에 대한 실험 결과만을 가지고 신과 진리의 영역까지 함부로 해석함으로써 진리와 우주의 실상을 왜곡하는 죄를 범하고 말았다.

그 결과 오늘날의 세상은 이러한 유물론적 논리가 일반화됨으로써 과학에 기초한 교육을 받은 현대인들은 거의 모두 유물론에 기울어지게 되었고, 사람들은 인간의 의미와 가치를 상실한 채 쾌락과 소유에만 집착하게 되었던 것이다.

그러나 세상이 완전한 조화와 질서 속에 존재함을 안다면, 생명현상 또한 우주의 질서 속에서 이루어지고 있음을 알게 된다. 그래서 우주의 진실을 있는 그대로 보는 깨달음의 눈을 지닌 성자들은 사람이 죽으면 그대로 사라지는 것이 아니라 완전한 생명의 법칙에 의해 한치도 어김없는 과보를 받는다고 했다.

세상은 수학 공식처럼 완전한 이치에 의해 이루어지고 있으며, 생명의 이치 또한 가벼운 것은 높이 오르고 무거운 것은 가라앉는 자연의 이치에 의해 후생이 결정되는 것이다. 그래서 삶을 통하여 습과 업을 지우고 맑은 마음을 얻은 이는 그 영혼이 맑고 가벼워 높은 곳에 오르고, 한과 욕망과 집착에 붙들린 영혼은 무겁고 탁해 아래로 처져 유혼의 세계를 맴돌며 지옥의 고통을 겪게 된다.

우주에는 이러한 완전한 질서가 있기에 끝없이 순환하는 생명의 연속선 위에 진리의 인연으로 올바른 공덕을 끝없이 쌓은 이는 모든 습을 지우고 신성을 이루어 마침내 그 영혼이 열매 맺어 인간완성(성자)

을 이루게 되는 것이다. 이와 같이 인간이 존재하는 의미가 완전한 뜻과 질서 아래 나타나고 있음을 안다면, 우리는 한순간이라도 자신을 포기해서는 안 되며, 삶을 소중히 여겨 진리를 받들고 좋은 원인을 지어야 한다.

만약 이런 우주의 진리를 무시하고 함부로 나쁜 원인을 지으면, 한 치의 어김없는 인과의 법칙은 반드시 자신과 인류에게 불행과 소멸의 아픔을 내린다. 이러한 고통은 인류에게는 견딜 수 없는 아픔이겠지만, 원인이 모여 결과가 나타나는 우주의 섭리를 아무도 피할 수 없는 것이다. 하늘의 이치에서 볼 때 병든 것이 사라져야 더 좋은 새 생명을 기약할 수 있기 때문이다. 이처럼 하늘은 지은 대로 받는 완전한 이치를 통하여 좋은 원인은 좋은 세상과 인간완성을 낳고 나쁜 원인은 세상의 파멸과 생명의 소멸을 가져오게 하였다. 이것은 하늘이 지어놓은 완전한 뜻이며 약속이니 우리는 이것을 지키고 가꾸어야 한다.

이 세상 속에는 이러한 완전한 뜻과 질서가 있기에 우리에게는 하늘이 무너지고 땅이 꺼져도 받들어 지킬 진리와 가치가 있는 것이다. 이러한 진리는 태초부터 정해놓은 하늘의 약속이기 때문에 우리가 그 약속을 지키고 가꾸지 않으면 자신과 세상의 운명이 좋아질 수 없다. 하늘의 약속은 어김이 없으며 그 약속은 지키고 가꾸는 자의 몫이다.

아무리 좋은 땅과 종자가 있어도 지키고 가꾸는 정성과 노력이 없으면 풍년을 거둘 수 없듯이 하늘이 정해놓은 완전한 뜻과 질서를 지키고 가꿀 때 우리들은 현실에서 인간완성과 지상천국이라는 우주의 약속(뜻, 진리, 법칙)을 확인할 수 있게 되는 것이다.

그러나 지금 현대사회는 인간의 교만과 무지에 의해 태초부터 내려온 하늘의 약속을 외면하고 길을 잃은 채 무지와 혼돈 속을 헤매고 있다. 그 어둠은 너무나 짙어 우리가 어디 있는지 어디로 가는지조차 알 수 없다.

이러한 막다른 골목에 처해 있는 인류문명의 돌파구를 열기 위해서 다시 어둠을 밝히는 진리의 빛을 밝혀야 한다. 칠흑같은 어둠 속에서는 아무리 헤매어도 맴돌기만 할 뿐 스스로 길을 찾을 수 없다. 어둠 속에서 길을 보기 위해서는 세상을 비춰주는 진리의 빛이 다시 나타나야 한다.

여기에 태초의 약속과 진리를 보신 성자들의 지혜가 요구된다. 우주의 뜻과 질서가 명확히 나타난다면, 이 세상에 존재하는 모든 사람들은 이를 지킬 수밖에 없으므로 인간의 길이 명백해지며 세상의 모든 어둠과 혼란이 해결되는 것이다.

따라서 성자들이 분명히 보신 우주의 진실과 절대적 진리를 다시 한번 회복하는 것이 현대사회의 절체절명의 과제다. 진리와 우주의 실상을 밝히는 것이야말로 현대사회의 절망과 한계를 극복할 수 있는 유일한 대안인 것이다. 진리만이 인간을 자유롭게 한다.

인생이란 무엇인가

 인생이란 무엇이며 어떻게 살아가야 하는가에 대한 의문은 인간이라면 누구나 한 번쯤 심각하게 생각하는 문제이다. 그러나 유사이래 우주의 비밀을 직접 볼 수 있었던 소수의 성자를 제외하고는 이 문제에 대한 명쾌한 답을 가진 사람은 거의 없다.
 유행가 가사처럼 인생이란 무엇이며 어디서 왔다가 어디로 가는 것인가? 이 문제는 인류의 영원한 숙제인 듯하다. 사람이 태어나서 한평생 겪는 과정이 인생이지만, 아무리 유명한 석학이라도 인생이 뭐냐고 물으면 선뜻 대답하지 못한다. 그만큼 인생이란 단어에는 우주를 관통하는 깊은 의미가 깃들여 있기 때문이다.
 그러나 우리가 인생을 방황하지 않고 올바로 살아가기 위해서는 그 의미와 목적을 분명히 알아야 한다. 인생의 뜻을 모르면 삶의 행위와 결과가 애매해지기 때문이다. 오늘날 세상이 어두운 이유는 사람들이 인생의 의미를 정확히 알지 못하고 아무렇게나 살아왔기 때문이다.
 그러므로 인간의 삶에 있어서 인생의 의미를 아는 것보다 더 중요한 일은 없다. 인생을 알면 삶의 의미와 방향을 알게 되고, 혼돈에서 벗어나 운명의 주인으로 살아갈 수 있는 것이다.

한마디로 인생이란 사람이 나서 경험하게 되는 한 생애를 말한다. 이러한 생애 동안 우리는 삶이라고 하는 여정을 겪는다. 따라서 사람이 인생을 모른다는 것은 삶을 살 줄 모른다는 말과 같다. 삶을 모르므로 삶이 나에게 어떤 의미가 있는지, 어떻게 살아야 할지, 이 생에서 행한 일들이 어떠한 결과를 가져오는지에 대해 알지 못하고 아무렇게나 살아가는 것이다.

삶은 자기를 짓는 과정으로써 온갖 일을 자기 속에 일어나게 한다. 따라서 삶 속에 있는 일을 통하여 우리는 끝없는 자신의 미래를 만들어 가는 것이다. 그러므로 인생을 어떻게 사느냐에 따라 자신이 바라는 최고의 인간이 될 수도 있고, 원하지 않는 불행한 자신을 보기도 하는 것이다.

인생을 알기 위해서는 먼저 이 세상이 무엇인가를 이해해야 한다. 사람들은 어두운 현실을 보고 세상이 온통 혼돈과 무질서이며 인생은 던져진 고깃덩어리에 불과하다고 생각한다.

그러나 인류의 빛이 된 성자들은 이 세상은 신성한 뜻에 의해 나타난 완전한 조화체이며 인간은 신성으로부터 나타나 완성을 이루기 위해 살아가는 고귀한 존재라 했다. 이러한 완전한 조화 속에 우주의 모든 것이 끝없이 순환하면서 자신을 유지하고 있으며 지은 대로 받는 완전한 이치가 세상을 지키고 있다.

이러한 진실이 존재한다는 것은 생명의 완성에 이르러 신성과 하나 되신 성자들이 이미 이천 년 전에 지혜의 눈으로 분명히 밝힌 사실이지만, 지금은 진리가 흐려지고 인간의 마음이 어두워져 이것을 느끼는 자가 많지 않다. 그러나 이러한 진실을 받아들이는 것은 인생에 있어서 가장 중요한 일이며 세상을 바로 보는 지혜의 기초가 된다.

세상이 원인과 결과를 주고 받으며 끝없이 순환하는 과정은 조물주가 만든 가장 완벽한 존재방식이다. 따라서 우주의 모든 존재는 예외없이 순환의 과정을 통하여 쇠한 기운을 보충하고 더 나은 자신을 만들어 나간다.

인간의 영혼도 여기서 예외일 수가 없다. 인간의 영혼도 한 생을 마치고 그대로 사라지는 것이 아니며 후생의 씨앗이 되어 끝없이 자신을 이어가는 것이다.

이와 같이 끝없이 계속되는 순환 속에서 모든 생명은 자기가 지은 것을 자신의 영혼 속에 담고 새로운 자기를 만들어 간다. 그래서 세상은 각자가 지은 것을 자신 속에 담고 끝없이 자신을 변화시켜 가는 과정 속에 있는 것이다.

이 세상에 살아가는 모든 사람의 운명과 성품이 다 다른 이유도 각기 다른 삶을 산 결과를 자신의 영혼 속에 담아 태어났기 때문이다. 사람의 몸은 음식을 통해 그 기운을 섭취하여 성장하지만, 사람의 의식은 자기가 지은 일에 의해서 만들어진다.

의식이 변화하는 현상을 살펴보면, 각자 보고 듣고 겪었던 일이 그 마음속으로 들어가 그것이 쌓여 의식의 변화를 가져오는 것이다. 이 과정에서 어둡고 잘못된 것이 들어가면 그만큼 잘못된 의식의 근원이 만들어지고, 밝고 좋은 것이 들어가면 그만큼 맑고 좋은 의식의 근원이 만들어져 미래의 운명이 결정되는 것이다.

이러한 인과의 이치는 불교에만 있는 것이 아니다. 성경에도 "선한 사람은 그 쌓은 선에서 선한 것을 내고, 악한 사람은 그 쌓은 악에서 악한 것을 내느니라" 마태복음 12장 35절에서 분명히 인과의 이치를 밝히고 있다.

우리가 삶이 힘들고 고통스럽더라도 참고 견디며 극복해야 하는 이유는 나의 미래와 후생이 인생의 여정에서 결정되기 때문이다. 따라서 삶이 힘들더라도 중도에 포기해서는 안 되며 끝까지 살아남아야 하는 것이다.

만약 한순간 살기 어렵다고 해서 모든 것을 포기한다면, 그 사람은 그로 인해서 앞으로 다가올 모든 좋은 인연을 포기하게 된다. 그런 사람은 다음에 태어나면 더 허약한 의지와 기운을 가진 사람이 되어 불행한 운명을 맞게 되는 것이다. 따라서 사는 데까지 살면서 어떻게든 좋은 원인을 짓고 더 나은 나를 얻으려고 노력해야 한다. 한마디로 말해서 자신을 버리는 일은 인생을 알지 못하는 무지에서 나타난 어리석음의 극치라 할 것이다.

인생의 도는 바로 이처럼 더 나은 나를 얻기 위해 살아가는 법이다. 따라서 인생의 도를 안다면 삶의 의미를 알고 모든 혼란에서 해방되어 인생의 주인이 되어 살아갈 수 있다. 삶에서 인생의 뜻과 이치를 아는 것보다 더 중요한 일은 없다. 아무리 학력이 없더라도 인생을 알게 되면 그 사람은 훌륭하게 살아갈 수 있으며, 아무리 학력이 높더라도 인생의 뜻과 길을 모른다면 그 지식은 오히려 자신을 망치는 데 사용된다.

삶은 자기를 짓는 과정으로 온갖 일을 자기 속에 일어나게 한다.
삶을 통하여 우리는 끝없이 자신의 미래를 만들어 가는 것이다.

우리가 삶을 살아가면서 알아야 할 중요한 사실은 세상의 주인은 인간이며 우리가 지은 모든 일이 세상의 원인이 되어 세상을 변화시키는 힘이 된다는 것이다.

조물주가 우주의 주체이듯 그 분신인 인간도 자율성과 창조성을 가지고 세상의 주인으로 작용하고 있다. 따라서 어떤 미래를 만들 것인가는 살아있는 생명의 주체가 짓는 원인에 따라 달라지는 것이며 어떠한 인생을 만들 것인지도 각자에게 달려있다.

그럼에도 사람들은 이러한 진실을 망각하고 자신은 노력하지 않고 신에게 의지하여 요행수를 바란다. 그러나 하늘은 자신이 지은 완전한 법칙에 따라 세상일을 처리하는 것이지, 그 법칙을 바꾸어가면서까지 인간을 편들지 않는다.

만약 인간의 욕망에 따라 인류 역사를 좌우하는 신이 있었다면 오늘날과 같이 어둡고 불행한 세상이 오도록 그냥 내버려 두지 않았을 것이다. 오늘날 세상이 이토록 어둡고 불행한 것은 완벽한 질서에 의해 사람들이 그동안 함부로 지은 나쁜 악의 결과를 스스로 받고 있다는 증거인 것이다.

신은 완전한 자유와 인과의 법칙을 제시해놓고 자기가 지은 대로 결과를 받는 완전한 세상을 열어놓았다. 그래서 각자가 자기 행동에 따른 행과 불행, 축복과 저주의 체험을 통하여 인간이 가야 할 길을 스스로 선택하도록 하고 있는 것이다.

운명은 인간 스스로가 짓는 것이며 결코 하늘이 대신 살아주지 않는다. 그래서 예수께서도 '주여, 주여! 하며 나를 찾지 말고 신의 뜻을 행하라'고 하신 것이다. 그러므로 자기의 구세주는 바로 자기 자신인 것이며 결코 신이 될 수 없다. 천국에 이르기 위해서는 자기 스스로 천국의 문을 열고 들어갈 수 있도록 자신의 영혼을 맑고 가볍게 만들어야 하는 것이지, 신을 섬긴다고 해서 탁한 자를 천국으로 떠밀어 넣어줄 만큼 신이 어리석은 존재는 아니다.

그렇다면 이제 우리는 인생을 왜 살아야 하고 어떻게 살아야 하는지에 대해 답을 얻을 수 있다. 인생은 신성하고 완전한 법칙 속에서 끝없이 계속되는 생명의 과정을 통해 세상을 축복하고 자기를 완성시키는 길이다.

사람은 인간으로서 기본적인 성품을 지니고 있기 때문에 삶의 이치에 대해 제대로 알게 되면 결코 자신에게 손해가 되는 일을 하지 않는다. 자기가 하는 일이 모두 자기 속에 남으며, 잘못된 원인은 자신의 미래를 불행하게 하는 원인이 된다는 이치를 이해하게 되면 다시는 어둠을 범하지 않으며 한순간이라도 자신을 방치하지 않게 된다.

그래서 서 구문명의 빛이었던 소크라테스는 '바로 아는 것이 덕'이라고 했으며, 부처는 '모든 어둠과 불행의 근원은 무명(바로 알지 못함)'이라고 했던 것이다. 따라서 삶의 실체에 대하여 바른 시각을 갖는다는 것은 무엇보다 소중한 일이며 세상의 문제를 푸는 핵심이다.

이 세상은 완전한 질서로 짜여진 법계이며 세상과 나는 하나로 이어져 있다. 거기에는 우리의 삶과 세상을 관장하는 영원불변하고 완전한 인과의 법칙이 자리를 잡고 있어서, 바르고 좋은 뜻은 인간완성과 지상천국을 가져다주고, 그리고 나쁜 뜻은 인간을 불행하게 하며 세상을 파멸시킨다.

우리는 이러한 완전한 우주의 법칙을 두려워하고 양심에 어긋남 없이 세상에 좋은 뜻을 지으려고 노력해야 한다. 모든 것이 하나로 이어진 세상에서 좋은 원인은 좋은 환경을 만들고, 좋은 환경은 그 속에 있는 모든 존재를 좋게 만들며, 또다시 좋아진 사람은 그 주위에 있는 환경을 더 좋게 만드는 선순환을 계속하는 것이다.

만일 어떤 자가 이러한 우주의 철칙을 무시하고 짧은 욕심에 나쁜 일로 재물을 모았다면 그 재물은 한과 원망과 시비와 갈등을 불러와 세상을 어둡게 만들 것이며, 자신 속에 어둠과 욕망을 두껍게 하여 자신의 미래와 후생을 불행하게 한다. 그러므로 악을 저지르는 것은 완전하게 세상을 지키는 진리를 알지 못한 채 짧은 안목에서 일시적인 욕망에 굴복하여 자신과 주변을 모두 망치는 어리석은 짓인 것이다.

사람이 인생의 뜻을 알면 삶을 다 아는 것이며, 사는 방법까지 알면 모두 다 이룬 것과 같다. 왜냐하면 그렇게 살 경우 진리 속에서 진리와 하나되어 흔들림 없는 삶을 계속해 나갈 수 있기 때문이다.

그러나 무엇보다도 우리가 인생의 의미를 바로 알고 살아가야 하는 이유는 그 속에 자신과 세상을 축복하는 사랑과 완성의 길이 있기 때문이다. 인간은 타고난 근본을 밝혀 바른 이치에 따라 세상을 축복하면 그 마음이 맑아지고 진기가 쌓여 완성에 이르게 된다.

인간완성의 경지인 깨달음이란 인간의 마음속에 내재된 업을 모두 지워버리고 완전히 순수한 불성을 이룬 것을 말한다. 따라서 인생의 목표인 깨달음을 얻기 위해서는 올바른 삶으로 자신의 마음을 깨끗이 청소해야 한다. 왜냐하면 삶에서 일어나는 일이 마음속으로 들어가 자신을 형성하기 때문이다.

그러므로 자신을 닦는 수행이란 현실의 삶을 통해서만 가능하다. 삶의 시련을 극복하고 진리를 실천하며 업의 유혹에서 벗어나는 과정을 통하여 인간은 맑고 완전한 마음을 얻게 되는 것이다. 그래서 우리는 삶 속에서 진리를 배우고 사랑을 행하여 세상을 축복하는 것이다.

인생에서 가장 큰 공부는 진리이고 가장 큰 보물은 사랑이다. 따라서 진리를 배우기 전이나 배우고 난 후나 해야 할 일은 사랑밖에 없다. 그러므로 깨달음을 얻거나 구원을 얻는다는 명목으로 세상을 등지는 것은 매우 어리석은 짓이다. 우리들은 세상을 사랑하고 축복하기 위해 진리를 배우고 인생을 깨달아 나가는 것이기에, 도를 얻거나 구원을 위하여 세상과 인연을 끊고 떠나는 것은 크게 잘못된 일이다.

바른 이치와 밝은 마음을 지니고 세상을 축복하기 위하여 살아나갈 때 인간의 무한한 가능성이 나타나며 우주의 근원과 하나되는 생명의 신비가 이루어진다.

우주의 순환

　세상은 완전한 순환의 율동 속에서 지속적으로 살아 움직인다. 이 세상에 존재하는 것 중 순환하지 않는 것은 아무것도 없다. 모든 운동 원리가 회전을 통하여 이루어지고 모든 장치가 순환을 통하여 움직인다.
　대기의 흐름과 바다의 조류도 끝없이 순환하면서 살아 움직이고, 물도 하천과 바다와 땅과 하늘을 돌며 끝없이 순환한다. 모든 생명체는 순환을 통하여 생명을 이어나가고, 빛나는 태양도 핵분열과 융합이라는 순환과정을 반복하면서 영원히 자기 역할을 계속해 나간다. 생명체도 신진대사를 통하여 생명을 유지하며 자신의 씨를 뿌림으로써 종족을 유지한다.
　이런 순환의 철칙은 인류 역사, 지구, 그리고 우주조차도 예외가 없다. 현대학문이 알지 못하는 비밀이지만 인류 역사도 매번 멸망과 재생을 거듭하면서 되풀이되어 왔다. 지구가 생성된 사십몇억 년 중 인류의 역사는 고작 3~4천 년에 불과하다. 넉넉잡아 인류문명 하나의 역사를 1만 년으로 보더라도 최근 지구 역사 1억 년이면 약 1만 개의

문명이 생성 소멸할 수 있는 시간이 된다.

이러한 과거 문명의 흔적은 에덴동산이나 요순시대, 그리고 아틀란티스라는 낙원의 전설에서도 엿볼 수 있다. 노스트라다무스의 예언이나 휴거와 같은 인류멸망에 관련된 예언은 과거 인류문명이 멸망할 당시의 비밀을 영적 세계에서 영매를 통해서 흘려주는 현상이다.

과거와 미래의 문명에 대해서는 성자들도 말씀하신 바 있다. 부처님도 자신은 수많은 생을 거쳐 전생에 아라한이었다가 현생에 이르러 해탈을 얻었다고 말씀하셨으며 미래의 세상에는 미륵 부처가 나타난다고 하셨다. 그리고 예수께서 대재앙의 날과 구원의 약속을 하신 것도 현 인류문명 이후에 도래할 새 문명시대를 예견하신 것이다.

이러한 인류문명의 순환은 인간의 삶과 깊은 관계가 있다. 즉 인간의 정신과 환경이 인간이 살 수 없을 정도로 악화되면 생명력을 교류시키는 자연의 순환고리에 큰 장애가 생겨 대재앙이 일어나 한 문명이 사라지고 새 문명이 나타나는 것이다. 이것이 바로 완전한 순환의 법칙 속에 숨어 있는 인류문명의 비밀이다.

이런 순환의 이치에는 조물주도 예외일 수 없다. 우주에서 순환하지 않는 것은 정지되고, 정지된 것은 인식할 수 없으며, 인식할 수 없는 것은 존재하지 않는다. 따라서 조물주는 자신의 존재를 나타내기 위하여 이 세상을 만들고 자신의 완전함을 우주의 순환을 통해 실현하고 있는 것이다.

그런데 많은 사람들은 완전한 신성이 지선극미한 상태에서 고요히 머물지 않고 왜 다시 번뇌와 혼란이 가득한 세상을 창조하여 돌고 있느냐에 큰 의문을 가진다. 그 까닭은 완전함의 속성과 관계가 있다.

즉 완전함이란 끊임없이 완전성을 만들어내는 살아있는 완전함으로, 고요 속에 혼자 머무르는 죽어있는 완전함이 아닌 것이다.

완전한 신성은 그 자체로 가만히 머물지 않고 자신을 닮은 인간을 만들어, 지은 대로 받는 인과의 법칙을 통하여 완성에 이르게 함으로써 자신의 완전함을 나타내고 있다. 즉 이치를 어기고 어둠의 길을 간 사람은 불안과 고통 속에 소멸하게 하고, 자신의 뜻에 따라 지고지선한 공덕을 완성한 사람은 신성한 성자가 되게 함으로써 완전성의 순환을 계속해 나가는 것이다. 즉 콩이 콩을 낳고 팥이 팥을 낳아 자신의 존재를 이어나가듯이, 신성한 우주는 자신과 같이 완전성에 이른 성자를 출현시킴으로써 자기의 완전성을 계속해 나가는 것이다.

이러한 순환의 형태는 삼라만상의 보편적인 존재 방식이기에 인간도 당연히 순환을 통해서 자신을 이어나가며, 생명의 주체인 인간의 정신도 죽음과 함께 사라지지 아니하고 영혼으로 남아 후생의 원인이 된다.

사람들은 부모와 자식 간에 육체로만 이어지는 것으로 알고 있지만, 생명의 순환 현상을 이해한다면 인간의 영혼도 계속 되풀이되고 있음을 알게 된다. 우리는 이러한 현상을 자연에서도 확인할 수 있다. 밭에 콩을 심으면 싹이 나고 콩이 열린다. 이때 콩이 보면 뿌리를 땅에 박고 있기에 자신의 근원을 땅이라 생각한다. 그러나 그 경위를 아는 사람은 콩의 근원이 콩씨인 줄 안다. 사람도 마찬가지다. 사람은 자신의 몸이 부모로부터 났다고 해서 자신의 근본을 부모라고 생각하기 쉽다.

세상은 완전한 순환의 율동 속에서 지속적으로 살아 움직인다.
이 세상에 존재하는 것 중 순환하지 않는 것은 아무 것도 없다.

그러나 그는 부모한테서 난 게 아니라 자기의 씨앗인 스스로의 영혼으로부터 난 것이다. 그것은 콩이 땅의 기운을 받아서 생명으로 부활한 것처럼, 인간도 자기의 영혼을 씨앗으로 부모의 정을 받아서 다시 생명으로 부활한 것이다. 콩이 열매를 맺고 다시 그 싹에서 콩이 열리듯이 인간의 열매는 영혼이며 그것은 다시 새 생명의 씨앗이 되는 것이다. 그래서 사람 또한 좋은 원인을 쌓아야 후생의 내가 더 좋은 근본을 가지고 태어나 좋은 운명을 맞게 되는 것이다.

영혼의 윤회도 우주에 존재하는 모든 현상과 마찬가지로 완전한 인과법의 적용을 받아 지은 공덕과 업에 따라 후생을 받게 된다. 불을 피우면 무거운 재는 가라앉고 가벼운 연기는 하늘로 올라가는 것과 같이 영혼도 그 청탁에 따라 사후세계가 결정된다.

그러면 영혼의 순환과정을 살펴보자. 사람이 죽으면 인간의 영혼이 아득한 기분이 들면서 몸 밖으로 빠져나와 자신의 죽은 몸을 보게 된다. 이때 영혼은 자신의 장례를 치르는 것을 보고 산 자에게 안타깝게 말을 걸어보지만 아무도 알아차리지 못한다. 그제서야 그는 자신이 죽었다는 사실을 깨닫고 노곤한 상태로 접어들면서 깊은 잠에 빠져든다.

이때 영혼은 모든 것이 사라지고 다시 태어나는 반야의 상태에 빠져들게 되는데, 이 과정에서 의식은 사라지고 기운만이 남게 되어 모든 기억은 사라지고 오직 과거의 근기와 자질만 남게 된다. 그리하여 영혼의 핵인 기운은 자신과 비슷한 인연을 만나 그 정을 얻어 새 생명을 얻게 되는 것이다.

그렇다면 잘못된 삶을 산 영혼의 사후는 어떻게 될까? 이런 사람의 사후는 그 마음이 한과 욕망, 불안에 짓눌려 있어 죽어서도 편히 쉬지 못하고 계속 산 자의 세계에 집착하여 떠돌게 된다. 그 영혼은 자신의 죽음을 인정하지 못하기 때문에 과거의 기억에 매여 구천을 떠돌게 되는 것이다. 현실 세계에 나타나는 영적 현상은 바로 이런 상태의 유혼이 야기하는 현상이다.

유혼은 씨가 상해 싹이 나지 않는 쭉정이처럼 돼버린 상태로 다시 생명체로 태어나는 윤회를 하지 못하고 상한 채로 계속 머물게 된다. 그런데 문제는 이들의 사후 고통이 너무 심하다는 것이다. 이들은 몸을 벗은 존재로 몸이라는 보호막이 없기 때문에 환경이 변할 때마다 악몽과도 같은 엄청난 환상과 고통에 사로잡힌다. 그것은 꿈을 꿀 때 작은 자극이 엄청난 환상으로 나타나는 것과 같다. 이때 유계 나름의 존재 양식에 의해 갖가지 불안과 공포가 형상화된 괴물과 고통에 사로잡히게 되는데, 이러한 현상을 영들은 실제 상황으로 느낀다.

그래서 고통을 겪으며 떠돌던 영혼은 정기가 메마르고 피폐해져 사람으로 나지 못하고 미물로 태어나는 과를 받게 되는 것이다. 이것을 세상에서는 지옥이라 한다. 지옥은 따로 있는 것이 아니라 현실을 떠나지 못하고 맴도는 유혼이 이생에서 겪게 되는 영적 환상을 말하는 것이다.

이와 달리 좋은 삶을 산 영혼이 맞는 사후 차원은 고난이 많은 현실 속에서도 자신의 삶을 지키고 영혼을 단련시켰기 때문에 맑게 정화되어 있다. 이런 영혼은 가벼워 현실의 탁한 기운대에서 벗어나 고차원의 의식계로 올라간다. 사람들이 천상계라고 말하는 곳이 바로 이 차원이다. 천상은 편하고 이치대로 이루어지는 완전한 상태로 불교에서는 이러한 경지에 이른 자를 아라한이라 한다.

삶을 통하여 의식이 정화된 자들은 여기에 머물다가 다시 현세에 내려와 큰 공덕을 쌓은 후 완전한 깨달음을 얻어 영원한 우주의 근원으로 돌아간다. 이들의 정신은 매우 맑고 강하기 때문에 세상에 내려오면 큰 인물이 되어 성공된 삶을 영위하는데, 부처님도 아라한에서 이 땅에 오셔서 마침내 부처가 되셨다고 말씀하신 바가 있다.

이처럼 인생은 계속되는 윤회와 인과법칙에 의해 좋아지거나 나빠지는 현상을 되풀이하고 있다. 그러므로 이렇게 명백한 생명의 이치를 알면 인생은 어려울 게 없다. 세상의 모든 일은 완전한 인과법에 의해 한점 오차없이 나타나고 있기에 모든 원인은 반드시 그에 상응한 결과를 남기며 한번 지은 업은 결코 저절로 사라지는 법이 없다.

따라서 항상 신중하게 처신하여 밝고 좋은 원인을 짓도록 노력해야 하며 어둡고 나쁜 원인은 멀리하도록 해야 한다. 그래서 모든 악은 멀리하고 모든 선을 행하여 그 마음을 깨끗이 하는 것이 모든 부처님의 공통된 가르침(法句經述佛品)인 것이다.

우리 사회가 혼돈에서 벗어나고 인류문명이 제 길을 찾기 위해서는 우리가 지은 업과 행위가 그대로 저장되며 후생에 영원히 되풀이된다는 사실을 받아들여야 한다. 삶을 두렵게 여기고 자신의 행위에 책임지는 진지함을 가질 때, 참된 인간의 길과 밝은 세상이 나타나는 것이다.

이러한 순환에 대해 세상에는 많은 오해가 있다. 실상을 보지 못하는 자들이 자신의 믿음과 가치관에 맞추어 견강부회 식으로 순환을 해석한다.

그러한 오해 중 하나가 불교의 '윤회를 끊어라'는 말이다. 사람들은 이 말을 잘못 해석해 삶을 허무하게 여기고 염세적이고 부정적인 경향을 띤다. 그러나 이것은 잘못된 생각이다. 부처님은 먼 여행에서 돌아오면서 저녁노을에 비친 세상의 모습을 바라보며, 인생이란 참 아름다운 것이라고 분명히 말씀하신 적이 있다.

부처님은 윤회를 부정적으로 본 것이 아니었다. 부처님이 윤회를 끊으라고 한 것은 나쁜 습성에 물들어 악연의 고리를 돌며 헤매지 말라는 뜻이지, 좋은 인연을 얻어 인간 가치를 완성시키는 선업의 고리마저 돌지 말라고 한 뜻은 아니었다. 인생이 고해인 것은 길을 몰라 헤매는 중생에게 해당되는 것이지, 길을 알고 완성의 길로 향하는 성인들에게는 큰 축복인 것이다.

순환은 삶의 이면에 존재하는 자연의 기본원리이며 우주의 완전한 존재방식이다. 따라서 생명의 순환은 고해가 아니며 조물주가 자신의 완전성을 펼치는 과정으로 모든 생명에게 자유와 창의와 완성의 환희를 제공하는 장이다.

모든 생명체는 순환을 통하여 생명을 이어나가고
빛나는 태양도 핵분열과 융합의 순환과정을 반복한다.

만약 순환의 고리를 끊는다면 어떠한 생명도 우주에 존재하지 못하며 생명으로 나서 자신을 완성시킬 기회를 얻지 못한다. 따라서 윤회를 끊으라는 말은 무명과 악연으로 돌고 있는 고통의고리를 끊고 진리의 인연을 받아 완성의 길로 나아가라는 뜻으로 해석해야 올바르게 된다.

그리고 이와 비슷한 맥락에서 출가에 관한 논의가 있다. 이 말은 후손을 잇고 삶을 영위하는 인간의 길을 거부하라는 것이 아니라 큰 뜻을 품은 자라면 진리를 위해 사소한 희생을 감내하고 더 크고 가치 있는 일에 자신을 바치라는 뜻이다.

세상에는 수많은 부류의 인간이 존재하지만, 진리의 길을 쫓아 세상을 구하려고 큰 뜻을 품은 이는 극소수에 불과하다. 따라서 출가를 권할 사람도 그리 많지 않으며 대부분의 사람은 욕망에 충실하는 세속의 길을 걷게 된다.

따라서 석가가 출가에 대해 언급했다고 해서 이를 확대해석하여 후세를 끊는 비윤리적인 가르침이라고 주장하는 것은 침소봉대이며 어불성설이다. 이것은 현실을 외면한 논리의 비약인 것이다. 출가의 진정한 의미는 자손을 통해 생육 번성하는 인간의 자연스러운 생명 작용을 부정한 것이 아니라 이미 태어난 삶이라면 이생에 있는 동안 최선을 다해 인간의 의미와 가치를 완성하라는 뜻인 것이다. 이와 같이 올바른 윤회는 어둡고 고통스런 길에서 벗어나 밝고 행복한 이치로 돌아가는 선순환의 길이며, 인간의 정신과 품성을 정화하여 완성에 이르는 길이다. 이것이 진정한 윤회이고 우주가 끝없이 존재하는 이유이다.

무명과 악의 기원

무명(無明)이란 세상에 존재하는 모든 악과 고통의 근원으로, 말 그대로 밝지 않은 그 무엇을 의미한다. 이를 불경에서는 "맑은 마음이란 번뇌가 없는 진여(眞如)의 마음이요, 오염된 마음이란 번뇌가 있는 무명(無明)의 마음이다."라고 표현하고 있다. 처음 부처님께서 무명에 대해 말씀하신 것은 거창한 철학적 개념으로써 무명이 아니라 중생들이 영원불멸한 진리를 바로 알지 못하고 어리석은 마음에서 진리를 거슬러 불행과 고통을 자초하는 원인으로 말씀하셨다.

오늘날 무명에 대해 관심이 많은 이유는 세상의 어둠과 불행의 원인을 규명하기만 한다면 쉽게 그 해악에서 벗어날 수 있으며, 삶의 궁극인 인간완성(깨달음, 해탈)에도 쉽게 도달할 수 있을 것이라는 바람이 있기 때문이다.

이러한 무명에 대한 철학적 논의는 대승경전에서 본격적으로 나타나기 시작하여 중국 당나라 불교계에 이르러서 주요한 철학적 화두로 대두되었다. 논의의 요지는 불성은 본디 완전하고 순원무잡한 우주의 근본인데, 무명이 어둠의 원인이라면 도대체 그 무명은 어디에서 비롯되었느냐 하는 문제였다.

　무명을 인정하게 되면 무명을 낳은 불성의 완전함과 순수함을 부인해야 하고, 무명이 불성에서 나오지 않았다고 하면 우주에 불성과 대립되는 또 하나의 거대한 어둠의 근원을 상정해야 하는 모순에 부딪히게 되는 것이다.

　이 문제는 기독교에 있어서 악의 근원에 대한 논의와 맥을 같이한다. 즉 유일한 절대자인 하나님은 지고지선한데 왜 세상을 이렇게 무질서하고 악하게 만들어 사람들을 고통스럽게 하고 있는가 하는 의문이다.

　무명의 근원에 대한 해답은 추상적 사유와 논리에서 나오는 것이 아니라 우주가 존재하고 생명의 세계가 나타나는 실상의 이치에서 보아야 한다. 따라서 무명의 실체를 이해하기 위해서는 먼저 이 세상에 생명체가 나타나 성장해 가는 과정을 이해하는 것이 필요하다. 왜냐하면 무명은 의식이 미약한 생명체에게는 존재하지 않는 현상으로 의식이 강한 존재, 즉 자유의지가 있는 인간에게만 나타나기 때문이다.

　태초의 혼돈이 지나고 생명이 나타날 수 있는 조건이 형성되면 갖가지 생명체가 나타나게 된다. 그러한 생명체는 환경과 인연에 따라 의식이 희미한 미생물에서부터 자연의 흐름에 종속적인 식물, 그리고 의식이 강하고 자율적인 동물에 이르기까지 끝없이 나타나게 된다. 그런데 의식이 미약한 하등 생명의 단계에서는 자연의 흐름과 하나되어 움직이기 때문에 무명이 개입될 여지가 없다. 그러나 자율성이 강해지는 인간의 단계에서는 신과 같은 자유성과 창조성을 보이면서 자연의 흐름에서 벗어나 독자적인 행동을 보인다. 이러한 과정에서 인간은 신과 같은 완전한 자율성을 얻고자 노력하게 되는데, 완전성을 얻게 되기까지 인간은 매우 불완전하기 때문에 오류를 범할 가능성이 높다. 이를 일러 무명으로 인해 어둠을 범한다고 한다.

즉 인간이 수동적 미성숙성을 벗어나 능동적 완전성을 추구하는 과정에서 세상이 진리로 이루어져 있고 자신이 완성의 씨앗이라는 사실을 모른 채 자연의 이치를 거슬러 어리석은 원인을 짓는 것을 무명이라 하는 것이다.

그러나 인간은 근본 속에 밝은 마음(양심, 신성, 불성)을 갖추고 있으므로 무명으로 인해 잘못을 저지르는 순간 마음이 어둠을 느끼고 자신의 행동이 잘못되었다는 것을 본성적으로 깨닫게 된다. 그리하여 자신의 잘못을 반성하고 올바른 이치를 회복해 나감으로써 더욱 완전한 자율성과 창조성을 습득해 가게 된다. 이처럼 반성과 실천이라는 자율적 성장 과정을 거치면서 인간은 점차 완성으로 향해 가는 것이다.

그런데 이러한 과정 속에는 각자가 지은 대로 결과를 받는 완전한 인과의 법칙이 작용하고 있어서 각자가 자유의지에 의해 선택한 행위는 그에 상응한 대가를 받는다. 따라서 잘못된 줄 알면서도 욕망에 끌려 계속 무명에 집착하게 되면 삶이 불안하고 고통스러워져서 소멸하게 되고, 무명을 반성하여 바른 이치에 따른 삶을 실천하게 되면 더욱 완전한 지혜와 자유를 얻어 마침내 인간완성을 이루게 된다.

이를 공자님은 자신의 잘못을 깨닫고 반성하여 정신을 고양시킨 결과 육십에 이르러 자연의 이치에 거슬리지 않는 이순(耳順)에 이르렀고, 칠십에 이르러 마음가는 대로 자유로이 행하되 걸림이 없는 불유

구(不踰矩)의 경지에 이르게 되었다고 표현하셨다. (論語 爲政篇)

사람들은 무명을 어둠의 근원이며 악마의 속삭임이라고 생각하는 경향이 있지만, 실제로는 인간이 신의 속성인 자유성으로 말미암아 짓게되는 오류를 의미한다. 따라서 이 세상에는 어둠과 혼란을 야기하는 별도의 악의 원천은 존재하지 않는다. 이 우주 속에는 오직 완전한 신성과 진리만이 존재할 뿐 그에 필적할 만한 악이란 없다. 다만 불완전함이 야기하는 일시적인 오류인 것이다. 따라서 이 세상에 존재하는 어둠과 불행은 인간 스스로 지은 잘못이 하늘이 정해놓은 이법에 의해 스스로 고통받는 과정인 것이다.

따라서 무명은 너무 두려워할 필요가 없으며 태어난 보람을 살려 자신의 가능성을 마음껏 발휘해야 한다. 삶이란 움직임 속에 있는 것이니 실천하는 과정을 통하여 더욱 성숙해지고 강해지는 것이다.

만약 잘못을 두려워하여 아무 일도 하지 않고 가만히 있으면 그는 그 자리에 머물러 아무런 발전이나 의미도 찾지 못하게 된다. 따라서 잘못을 저지르는 것을 두려워하지 말고 적극적으로 행동하여 공덕을 쌓아야 하며, 만약 실수를 범했다면 이를 크게 뉘우쳐 다시는 죄를 범하지 않게 되면 더욱 자유롭고 완전한 영혼을 얻게 되는 것이다.

하지만 무명을 가벼이 여겨 어둠과 욕망에 계속 집착하면 그 불행의 고리가 자신을 파멸시키고 온 세상을 어둠으로 덮게 하여 오늘날과 같이 혼탁한 말세가 오게 되는 것이다.

인간에게는 두 가지 길이 주어져 있다. 하나는 무명으로 인한 파멸의 길이며 또 하나는 진리에 의한 완성의 길이다. 사람이 삶의 참된 의미를 안다면 당연히 후자의 길을 가야 한다. 그러나 요즘과 같이 어두운 세상에서는 대부분의 사람들이 욕망의 덫에 걸려 살아가고 있기 때문에 파멸의 길을 택하고 있다.

그래서 부처님도 이 세상은 욕망의 불길 속에 타오르고 있으며 진리의 인연을 만나는 것은 마치 하늘에서 떨어지는 바늘이 겨자씨에 꽂힐 정도로 희귀한 일이라고 하셨다. 그만큼 인간 세상에서 진리를 만나는 것은 어려운 일이다. 따라서 무명에서 벗어나 인간으로 태어난 보람과 가치를 다하기 위해서는 성자들이 발견한 완전한 진리의 빛을 만나야 한다.

지금 인류는 무명으로 인해 스스로 지은 나쁜 원인이 가져온 거대한 파멸의 위기에 직면하고 있다. 그러므로 오늘날 인류가 진정으로 추구해야 할 것은 물질적 풍요와 과학 발전이 아니라 이 우주에 완전히 드리워져 있는 진리의 빛과 참된 생명의 이치를 발견하는 일인 것이다.

그러면 인류 역사가 무명으로 말미암아 항상 고통받아 왔고 그 결과로 인하여 오늘날 인류가 소멸할 위험에 직면해 있는데, 이러한 결과가 예견됨에도 불구하고 하늘이 인간의 마음속에 굳이 무명을 심어 놓은 이유는 무엇일까?

그것은 우주의 근원이 정지된 완전성이 아니라 살아 움직이는 완전성으로 끝없는 자유성과 창조성을 필수로 하기 때문이다. 만약 우주의 근원이 자유성과 창조성이 없다면 우주는 조용하고 정지된 상태로 머물 것이며 아무런 존재의 의미나 가치도 찾을 수 없게 된다.

따라서 불성은 우주 속에 자신과 같은 자율성을 가진 인간을 만들어 놓고 활기차게 움직이되 바른 이치에 따라 밝은 고리를 간 이는 완성에 이르게 하고, 이치를 거슬러 어둠의 고리를 간 자는 소멸에 이르게 하여 자신의 완전성을 나타내고 있는 것이다. 즉 완전하다는 것은 정지상태의 완전함이 아니라 살아 움직이는 속에서 나타나는 완전함인 것이다.

  무명을 통한 바른 이치의 선택과 자율성의 완성! 이것이 바로 무명이 나타난 의미이며 우주의 주체인 인간이 완전성을 지향해 나가는 생명의 동력인 것이다.

말세의 운명

 요즘 노스트라다무스의 예언을 비롯하여 휴거설, 역병설, 말세론 등이 어지러운 세상 인심을 타고 급속도로 번지고 있다. 이들은 성자들의 말세에 관한 언급을 근거로 종말에 관한 이야기를 그럴듯하게 포장해 세상을 미혹하고 있다.
 문제는 그러한 말세론이 세상 사람들을 혹세무민하여 사회적으로 큰 문제를 일으킨다는 데 있다. 지금도 사이비 말세론에 빠진 사람들은 가정을 팽개치고 전 재산을 갖다 바치며 집단자살이나 독가스 살포 등 비사회적이고 반인륜적 행태를 저지르고 있다.
 이런 문제를 명확히 이해하기 위해서는 성자들이 왜 말세에 대해 언급했는지 이유를 알아야 한다. 세상 만물이 생장성쇠의 과정을 겪기 때문에 말세도 주기에 따라 나타나는 자연스런 과정인 것일까? 아니면 신이 세상이 너무 오래되었다고 자의적으로 판단해 세상의 종말을 가져오는 것일까? 아니다! 이 우주에서 신이 자의적으로 행하는 일은 아무것도 없다. 신은 완전한 법칙이며 그 법칙과 합일된 존재이기 때문이다. 이 세상의 주인은 신이 아니다. 이 세상은 스스로 살아 움직이고 있으며 앞으로의 운명도 세상을 움직이고 있는 생명력 자체가 스스로 결정한다. 즉 이 세상은 스스로가 지은 거대한 업에 의해 움직이고 있으며 앞으로도 스스로 운명을 결정하는 것이다.

따라서 이 세상에 종말이 오는 것은 거대한 세상 스스로가 지은 악업에 의해 지구라는 생명체가 스스로 붕괴하는 현상이다. 만약 지구의 종말이 자연스러운 과정이거나 일정한 주기를 가지고 순환하는 현상이라고 한다면, 성자들이 자신의 목숨을 바쳐가면서까지 세상의 거짓된 인심을 꾸짖으며 참된 인간의 길을 가르치지 않았을 것이다. 성자들이 그토록 참된 인간의 길을 외친 것은 세상의 주체인 인간의 삶이 말세와 밀접한 관계가 있기 때문이었다.

현대과학으로는 아직 밝혀지지 않는 일이지만 지구라는 행성의 유지에는 단순히 물질적 요인만 작용하는 것이 아니다. 그 속에는 완전한 질서와 살아 움직이는 생명력도 작용하고 있어서 생명력의 순환이 지구환경을 안정시키는 데 큰 역할을 하고 있다.

즉 지구의 생존환경은 지질물리학자들이 말하는 중력이나 기압과 같은 단순한 물질 요인에 의해서만 이루어지는 것이 아니라 생명력 자체가 순환하면서 만들어내는 생명의 인력도 크게 작용하고 있는 것이다.

지구의 모든 생명력은 혼자서 가만히 살다가 허공으로 사라지는 게 아니라 끝없는 순환과정을 통하여 자기 존재를 이어가면서 강한 생명력을 뿜어내고 있다. 즉 기운이 흐르면 에너지가 생겨나듯이 생명력도 순환하는 곳에는 강한 압력대가 형성되는 것이다.

이 힘이 여러 가지 요인과 함께 지구 내부에서 분출하는 압력과 균형을 이루면서 지금과 같이 생명이 살 수 있는 안정된 생존환경을 만드는 것이다.

따라서 이 균형이 깨어지면 지구상에는 인간이 상상할 수 없는 엄청난 천재지변이 일어난다. 그러면 어떤 원인으로 지구를 안정시키는 생명력의 균형 체계가 깨어지는 것일까? 여기에는 인간의 삶과 관련된 아직 알려지지 않은 엄청난 인류생존의 비밀이 존재한다.

우주에 있는 모든 존재가 순환을 통하여 유지되듯이 지구상에 존재하는 생명력도 자체 순환을 통하여 자신을 이어나간다. 지구상에 존재하는 수많은 생명체를 고려하면, 이와 같이 생명력이 돌면서 형성하는 힘은 엄청나지만, 현대과학은 영혼과 생기의 존재를 부정하기 때문에 이러한 이치를 인식조차 못 한다.

이러한 순환의 압력대는 사람들의 마음이 자연과 조화를 이루어 평안할 때는 생명의 순환고리가 순조롭게 돌아 안정된 생존환경이 유지된다. 그러나 세상이 어둡고 탐욕스러워지면 사람들의 한과 원망이 넘치게 되고 사람들은 죽어서도 저승으로 떠나지 않고 유혼이 되어 이승에 계속 집착하여 머물기 때문에 생명력의 순환이 이루어지지 않게 된다. 그렇게 되면 이 세상은 생명력이 포화상태가 되고 순환이 이루어지지 않기 때문에, 지구의 압력대에 커다란 불균형과 교란이 생긴다. 그러면 안정상태를 유지하고 있던 지구상의 균형이 깨어지고 그 사이로 지구 내부의 압력이 분출되어 대지진, 해일, 화산 같은 천재지변이 일어나게 되는 것이다.

세상이 어둡고 탐욕이 넘치게 되면 생명력의 순환이 이루어지지 않고
지구의 균형이 깨어져 대지진, 해일, 화산 같은 천재지변이 일어난다.

　불행한 일이지만 지금 대부분의 사람들은 현대문명의 탐욕스런 물결에 감염되어 죽음을 받아들이지 못하고 유혼이 되어 이승에 떠돌아다닐 운명에 처해있다. 즉 인간의 삶이 탐욕에 물들고 어둠이 짙어 갈수록 인류 최후의 날은 가까워지는 것이다. 그래서 성자들은 이러한 위험을 방지하기 위하여 인간의 타락과 위선을 꾸짖으며 올바른 삶을 회복시키려고 노력했던 것이다.
　바로 여기에 성자들이 자신의 목숨을 바쳐서까지 올바른 삶과 진리를 실천해야 한다고 외친 이유가 있다. 자연의 흐름과 이치에 따라 한을 짓지 않고 맑고 바르게 산 사람은 편안한 후생을 맞이하고 순조롭게 윤회하여 우주의 순환을 원활하게 만들기 때문이다.
　이천 년 전에 성자들이 예언한 말세가 아직 닥치지 않은 것도 그분들의 생명을 바친 사랑으로 사람들이 인간의 도리를 찾고 세상이 질서를 회복하여 원만한 생명력의 순환이 이루어졌기 때문이다.

지금 세상 사람들은 현대문명이 창조주의 경지에까지 도달했다고 자만한다. 하지만 우주의 광대무변함과 완전성에 비추어 보면 현대문명의 화려함은 대양에 티끌 같은 작은 파도 하나가 일렁인 것에 불과한 것이다. 세상에 존재하는 모든 것은 영원한 영광을 자랑할 것 같아도 우주의 시각에서 보면 완전한 뜻 아래 동일한 현상을 반복하는 작은 율동에 불과하다. 그래서 성경에도 해 아래 새로운 것은 없다는 말이 있는 것이다. 그러므로 인간은 우주의 일부로서 우주와 조화롭게 살아야 하는 자신의 본질을 깨달아 교만과 탐욕을 버리고 하늘이 정해 놓은 길을 따라 경건하게 살아야 한다.

지금 세상에는 풀잎에 맺힌 이슬처럼 많은 유혼이 가득 차 있으며 그 수는 몇 세대에 걸쳐있어 현 인류보다 많을 정도이다. 오늘날 원인을 알 수 없는 각가지 질병과 우울증, 공황장애와 같은 정신병, 설명할 수 없는 이상한 영적 현상이 많이 나타나는 이유도 바로 이처럼 이승에 떠도는 영이 너무 많기 때문이다.

현대인은 이런 생명의 실상을 알지 못하고 욕망에 사로잡힌 삶이 전부인 줄 알기 때문에 대부분이 죽어서도 한과 집착을 떨치지 못하고 계속 이승에 머물며 유혼이 될 운명에 처해 있다. 그래서 지구의 붕괴 시기는 점점 빨라지고 있는 것이다. 이처럼 말세의 도래는 인류의 잘못된 삶 때문에 오는 것이지, 전염병과 위성 충돌, 핵전쟁 때문에 오는 것이 아니다.

말세의 징조에 대해서는 예수님 생존시에 분명히 말씀하신 바가 있다. "그때에 유대에 있는 자들은 산으로 도망할지어다. 지붕 위에 있는 자는 집안에 있는 물건을 가지러 내려가지 말며, 밭에 있는 자는 겉옷을 가지러 뒤로 돌이키지 말지어다. 그날에는 아이 밴 자들과 젖먹이는 자들에게 화가 있으리로다. 이는 그 때에 큰 환난이 있겠음이라. 창세로부터 지금까지 이런 환난이 없었고 후도 없으리라. 그 날들을 감하지 아니할 것이면 모든 육체가 구원을 얻지 못할 것이나, 그러나 택하신 자들을 위하여 그 날들을 감하시리라. 주검이 있는 곳에는 독수리들이 모일지어다. 그 날 환난 후에 즉시 해가 어두워지며 달이 빛을 내지 아니하며 별들이 하늘에서 떨어지며 하늘의 권능이 흔들리리라."(마태 24장 16절)

이와 같이 엄청난 천재지변이 일어나면 한 세대의 문명은 끝나고 세상을 혼탁하게 했던 탐욕스러운 생명체와 떠돌던 한은 모두 사라지게 된다. 생명계의 대청소가 이루어지는 것이다.

그리하여 오랜 시간이 지나면 지구의 복원력으로 세상이 다시 안정되고 맑아지게 되는데, 그러면 자연과 조화되어 평화롭게 살아갈 순수한 영혼들이 다시 나타나 낙원을 이루게 된다. 이때의 지구환경은 말 그대로 전설에 등장하는 순수한 낙원 상태이기 때문에 천상에 머물던 높은 차원의 영혼들이 내려와 맑고 완전한 세상을 꾸미게 된다. 그러나 이들도 자연과 조화된 삶을 살다가 오랜 세월이 흐르면 무명에 의해 점차 악에 물들어 또다시 한 인류문명의 생성소멸을 반복하게 되는 것이다.

우리는 이와 같은 종말 현상을 통해 하늘에는 원인에 따라 결과를 심판하는 완전한 인과의 이치만 있을 뿐 사사로움에 이끌려 우주의 거대하고 완전한 질서를 망각하는 일이 절대 없다는 것을 알게 된다. 나쁜 원인이 쌓여 이 세상이 소멸하는 것에 대해 하늘은 눈 하나 깜짝하지 않는다. 모든 존재가 생성 소멸하는 것은 우주의 기본적인 존재 양식으로 병든 생명력이 사라지고 새 생명이 태어나는 것은 우주 전체로 보면 오히려 바람직한 현상이기 때문이다.

한 문명이 사라지고 새로 태어나는 일은 당하는 인류의 시각에서 보면 하늘이 너무 가혹하고 무정해 보인다. 그러나 지은 대로 결과를 받는 우주의 이치에서 보면 그것은 너무나 당연한 일이다. 진정 탓해야 할 것은 하늘이 아니라 올바른 삶의 길을 잃고 탐욕과 죄악에 젖어 살아온 인간 자신인 것이다.

그러므로 우리는 이러한 불행한 사태를 막기 위해서 하루 빨리 참된 진리와 생명의 길을 찾아 세상에 널리 전하고 모든 사람이 행하도록 해야 한다. 이것을 생각해 볼 때 진리를 배우고 행함이 자신과 인류에게 얼마나 소중하고 가치있는 일인지 새삼 깨닫게 된다.

우리 주변에는 말세가 왔다고 전 재산을 사이비종교에 투자하거나, 기도나 주문을 외면서 구원을 꿈꾸는 헛된 모습들이 너무나 많다. 그러나 잘못된 원인이 쌓여 이미 일그러져 버린 생명력의 순환고리를, 기도를 한다고 해서 되돌릴 수는 없다. 일그러진 생명의 순환고리를 회복하고 떠도는 유혼이 나타나지 않게 하려면 원한과 탐욕이 없고 모든 것이 이치대로 되는 밝고 건강한 세상을 만들어야 한다.

그러므로 지금 필요한 일은 구원을 바라는 기도나 절대자에 대한 의지가 아니라 생명계의 질서를 회복하기 위해 인류가 다 함께 나서는 일이다. 온 인류가 악업에 의해 붕괴되는 생명의 순환고리를 회복시키기 위해 함께 진리를 찾고 참된 인간의 길을 행할 때 세상은 생명의 질서를 찾고 밝음을 회복하게 될 것이다.

지금 우리의 미래는 매우 암담하다. 왜냐하면 진리가 흐려지고 말법이 성행한 관계로 오늘날 세상 속에는 아무리 진실을 말해도 이를 받아들일 의인이 부족하기 때문이다. 소돔과 고모라에 진정한 의인 10명만 있으면 멸망을 면할 수 있었으나, 결국 10명을 찾지 못해 멸망하고 말았다는 이야기는 (창세기 18장 20~33절) 오늘날 우리에게 시사하는 바가 매우 크다.

세상 속에는 어둠과 욕망의 물결이 매우 거세 사람들은 진리를 보아도 알지 못하고 참된 인간의 길을 받아들이지 못하고 있다. 하지만 인생에서 참으로 귀하고 소중한 일은 아무리 세상이 어둡고 혼탁하다 하여도 각자가 지은 것은 각자가 거두게 된다는 엄연한 진리가 우리를 지키고 있다는 사실이다.

따라서 세상이 아무리 어지러워도 내가 세상을 향해 바른 이치와 사랑을 행하면 그만큼 내 마음이 밝아지고 완성으로 나가게 된다. 그래서 깨달은 이는 오타악세가 되어야 나타난다는 말이 있는 것이다. 이 말은 감당할 수 없는 악의 흐름 속에서도 그 어둠을 이겨내고 양심과 진리를 지켜내는 자만이 그 마음을 정화하여 불성을 이루게 된다는 뜻이다.

따라서 말세에도 인간의 길은 변치 않는다. 혼자만이라도 자신의 삶에 책임지며 양심과 진실을 지켜 자기 농사에 충실하면 그 결과는 자신이 갖게 되는 것이다. 인생은 결국 자기 영혼의 농사를 혼자 짓고 가는 과정이다. 그래서 부처님도 진리에 의지하고 자기에게 의지하는 것(自燈明 法燈明)이 가장 올바른 삶이라 했던 것이다.

그러므로 지금 죽음이 눈앞에 다가와 있다 하더라도 내가 세상을 위하여 할 수 있는 일을 차분히 해나가야 한다. 생명은 현세의 죽음으로 끝나는 것이 아니며 나의 영혼은 지금의 삶으로 인해 더욱 새롭게 영글고 있기 때문이다.

내가 이생에서 최선을 다했고 거짓과 집착없이 밝게 살고 있다면, 살아서도 밝은 나의 인생은 죽어서도 하늘을 우러러 당당할 것이니 죽음조차 두려워할 필요가 없는 대자유인이 되는 것이다. 따라서 일시적인 소유와 욕망에 연연하지 말고 바른 이치에 따라 내가 할 일에 최선을 다하면서 열심히 살아가는 것이 말세를 살아가는 인간의 가장 올바른 삶인 것이다.

혼탁한 세상을 살아가는 법

　지금도 맑고 어진 많은 선한 이들이 탐욕스럽고 혼탁한 세상과 부딪쳐 상처받고 있으며 어떻게 살아야 할지 몰라 헤매고 있다. 올바른 사고를 가진 사람이라면 누구나 부딪히는 문제이기에 어두운 세상을 살아가는 지혜에 대해 한번 생각해보자.
　지금 세상을 둘러보면 모순과 불합리, 탐욕과 정실로 선한 자는 고통받고 악한 자는 득세한다. 인생을 참되이 살아가려는 사람치고 이러한 현실과 갈등을 빚지 않고 살아가는 사람은 없다. 그러나 어둠 속에서 아파하고 고뇌하는 것이야말로 인간의 참된 모습이며 아직 인간의 가치를 상실하지 않고 있다는 증거이다. 이런 어둠 속을 아무런 생각도 없이 살아간다면 그는 이미 인간의 본성을 상실한 양심없는 사람이라 할 것이다.
　그러나 아무리 어둡고 힘든 세상이라도 현실은 이미 자신에게 던져진 삶의 실체인 만큼 현명하게 대처해야 한다. 인간의 의미와 가치를 꽃피우기 위하여 어둠을 물리치고 밝은 세상을 만들어 나가야 하는 것이다.

그런데 오늘날 진리를 찾는 사람의 문제점은 순진한 이상론에 빠져 현실을 살아가는 능력이 일반인보다 떨어진다는 것이다. 진리의 길을 살아가는 사람이라면 일반인보다 세상을 보는 눈이 앞서야 하고 현실과 이상과의 관계를 분명히 해야 하며 현실에 휘말리지 않고 세상을 이끌어 나가야 한다.

현실은 삶의 기반이며 실재이므로 현실을 무시하면 삶은 존재하지 않는다. 이 현실 속에 삶의 모든 실체가 있으며 과거와 현재의 모든 원인과 결과가 있다. 당연히 진리도 이 속에 있으며 우리의 삶과 미래도 이 속에 지어야 한다.

그러나 현실은 너무나 어둡고 탐욕스럽다. 지금 세상은 지난 세월 동안 인간들이 지어 놓은 잘못된 원인들이 쌓여 엄연한 인과의 법칙에 의해 그 결과가 불행과 고통으로 나타나고 있다.

잘못된 원인이 조금 쌓이면 세상은 어둡고 고통스럽지만 악이 커져 세상에 가득하게 되면 마침내 붕괴하고 마는 것이 우주의 법칙이다. 이것이 바로 현 인류가 겪고 있는 위기의 정체이다.

그러나 세상 사람들은 이러한 실정을 모르고 세상이 무의미하고 혼란투성이라고 함부로 악을 저지르고 권모술수를 행한다. 그래서 세상은 더욱 말세로 치닫고 있다. 사람들은 세상에 완전한 진리와 참된 보람과 가치가 있다는 것을 망각하고 출세와 소유와 쾌락에 인생의 목적을 두고 살아간다. 양심과 정의는 찾아보기 어렵고 자신의 목표를 이루기 위해서는 수단 방법을 가리지 않는다.

어둠 속에서 진리를 실천하다 보면 여러 가지 장애에 부딪히게 되고 어려운 상황을 극복하는 과정에서 마음속에 애가 타고 사심이 사라져 맑은 영혼을 완성하게 된다.

그러나 아무리 출세한다 하더라도 올바른 길을 모르면 오히려 그 힘으로 남을 괴롭히게 되고, 재물도 쓸 줄 모르면 밥 세끼 먹는 것 외에는 아무 소용이 없으며 곧 놓고 떠나야 한다. 따라서 사람으로 나서 보람있고 가치있게 살기 위해서는 부와 권력과 명예가 아니라 바른 진리를 배워 세상을 축복하는 일을 하도록 해야 한다.

어두운 세상에서 평안을 지키며 보람있는 삶을 살기 위해서는 먼저 어둠을 밝히는 진리의 빛을 보는 것이 필수적이다. 어둠 속에서 빛을 보지 못한다면 그는 영원히 장님처럼 헤맬 수밖에 없다. 인간은 삶을 밝혀주는 진리의 빛을 볼 때 흔들리지 않는 생명의 길을 갈 수 있으며 마음은 안식처를 찾게 된다.

이 세상은 신성(불성)에 의해 지어진 완전한 조화체로 그 속에는 완전한 뜻과 이치가 작용하고 있다. 따라서 우주의 뜻과 흐름에 따라 조화있게 살아가면 인간완성에 이르고, 이에 거슬러 살아가면 소멸에 이르게 된다. 따라서 우리의 삶은 단순한 생존이 아니라 우주의 뜻을 대신하는 장엄한 과정이며 우주의 주인으로 살고 있는 것이다. 이러한 삶의 신성한 의미를 이해한다면 이제 해야 할 일은 선한 자가 어둡고 악한 세상에서 살아남아 인간의 의미와 가치를 이땅에 실현하는 일이다.

세상은 지은 대로 받는 인과의 법칙에 의해 완전한 질서를 유지하고 있으며 과거의 수많은 원인이 모여 현실을 구성하고 있다. 따라서 세상을 살아가는 사람들은 현실을 가장 중시해야 한다. 현실은 삶을 구성하는 기반이며 실체로서 사실에서 벗어난 일들은 모두 거짓이며 환상이다. 사실에 충실할 때 우리는 잘못된 삶에서 벗어날 수 있는 것이다.

그러므로 현실이 삶의 실체라면 아무리 어둡고 힘들더라도 제 몸처럼 여기며 보듬고 나가야 한다. 겨울 이부자리가 아무리 추워도 걷어차기보다는 몸으로 데워야 따스한 겨울밤을 보낼 수 있는 것이다. 여기에 적극적인 현실 참여의 필요성이 나타난다. 안타까운 세상을 위해 열심히 노력할 때 그 공덕에 의해 세상이 밝아지고 스스로는 사랑의 불로 정화되어 자신도 완성되는 것이다.

그러나 말세의 현실은 선한 이가 견디기 힘들 정도로 거짓과 위선이 가득하다. 그 속에서 선한 자가 양심과 진실을 지키며 살아남는다는 것은 매우 중요한 일이다. 왜냐하면 거친 현실에서 선한 자들이 모두 꺾인다면, 이 세상은 악한 자의 몫이 되며, 결국 자기들끼리 싸우다 세상 전부를 파멸시키기 때문이다.

따라서 말세에는 선한 자들이 살아남는 지혜가 필요하다. 악에 굴하지 않으면서도 자신을 현명하게 지켜야 한다. 도둑 소굴에 붙잡혀 갔을 때, 너희들은 모두 악당이라고 소리치는 것은 어리석은 일이다. 악이 강할 때는 침묵하는 것도 필요하며, 힘을 길러 악을 제압할 때까지 악과 부딪히지 않는 방편도 필요하다. 그리하여 선이 지배하는 세상을 만들어 모든 사람이 평안하고 행복한 삶을 누리도록 해야 한다.

사람이 세상을 살아가는 이유는 바른 이치로 세상을 축복함으로써 자신 속에 신성을 쌓고 세상을 밝게 만들고자 함이다. 그러나 세상을 올바른 이치로 축복하는 것은 쉬운 일이 아니다. 자신은 올바르게 행동한다고 하는데 결과가 나쁜 경우가 허다하기 때문이다. 그 이유는 세상이 흘러가는 이치와 실상을 모르고 함부로 행동했기 때문이다.

세상에는 다양한 상황에 처한 수많은 군상들이 존재한다. 그들은 사연도 다 다르고 고통도 다르다. 그러므로 이들을 자기 생각대로 무조건 도와주는 것은 축복이 되지 않는다. 진정한 사랑은 무조건 동정심으로 대하는 것이 아니라 각 사람에게 필요한 일을 해주는 것이다. 인간의 의미와 가치를 전혀 모르는 자에게 무조건 진리를 얘기할 필요가 없다. 그것은 그들에게 큰 도움이 되지 못한다. 물질과 애욕의 늪에서 헤매는 이들에게는 돈버는 법과 애욕을 해결하는 법을 먼저 가르쳐 주어야 한다. 성경에도 '거룩한 것을 개에게 주지 말고 너희 진주를 돼지 앞에 던지지 말라'(마태 복음 7장 6절)는 구절이 있듯이 남을 축복하는 이치는 각자가 원하는 것을 제공함으로써 각자의 문제를 먼저 해결해주는 것이 되어야 한다. 그래서 이를 계기로 점차 그들을 성장시켜 최종적으로 진리와 인간완성의 길을 가르쳐 줘야 하는 것이다. 이것이 순리이며 올바른 사랑법이다.

그리고 오래되고 고질적인 병근이 있는 문제를 푸는 것은 주변 환경이 모두 곪아있으므로 한꺼번에 치유될 수 없다. 따라서 인내심을 갖고 문제를 하나하나 회복시켜 가는 정성어린 치료가 필요하다.

현실에 존재하는 모든 일들은 과거의 원인이 모인 것이기 때문에 현실의 문제를 해결하기 위해서는 현실로 나타난 일들을 인정한 후 인과를 밝혀 이를 수정할 새로운 원인을 지어야 한다. 세상의 모든 일은 원인이 있어 나타난 것이기에 원인만 정확히 알면 해답은 저절로 나타나는 것이다.

그런데 순진한 이상주의자들은 현실이 이렇게 다양한 원인에 의해 나타난 복합적인 현상임을 무시하고 절대선을 주장하며 이상적인 처방만 강조한다. 그러나 여러 가지 원인이 쌓인 현실에서 절대선을 주장하는 것은 어리석은 일이다. 모든 일은 그 일의 원인과 뿌리를 보아야 하며 그 일이 가져올 결과 또한 고려하여 판단을 해야 한다.

가장 현명한 처세는 행동의 결과가 말해준다. 현실을 정확히 파악하면 그 상황에서 행해야 할 최고의 처방이 나온다. 상황 속에 얽혀 있는 문제점과 선악의 원인을 보고 정확히 처방한다면 그 결과는 모두에게 이롭게 나타난다. 이를 모르고 순진한 이상론에 빠져 획일적인 기준으로 평가하거나 한꺼번에 세상을 같은 모습으로 만들려고 하는 것은 어리석은 짓이다.

그리고 선한 자가 어두운 세상에서 살아남기 위해서는 진리의 빛과 힘에 의지해야 한다. 아무리 힘들고 고통스럽더라도 진리가 우리를 지켜준다면 우리는 하늘을 우러러 당당하며 거리낄 것이 없기 때문이다.

진리의 길은 세상이 원하는 출세와 탐욕과 재물의 길이 아니며 인과의 이치에 따라 지은 대로 받고 거짓없이 살며 열심히 세상을 축복하는 삶이다. 그런데 이렇게 살면 탐욕스런 세상에서 멀어지는 것 같고 세상에서 뒤지는 것 같은 느낌이 올 수도 있다. 그러나 거짓이 없으면 마음이 항상 평안하며, 열심히 일하면 걱정이 없고, 탐욕이 없으면 부족함이 없게 된다. 열심히 일하고 거짓없이 살다보면, 남보다 성공하지는 못하지만 노력한 만큼 얻을 수는 있다. 그러면 점차 정신이 밝아져 완성에 이르게 되고 이치가 통하는 밝은 세상을 만들 수 있게 되는 것이다.

더구나 어렵고 힘든 세상일수록 그 속에는 하늘이 마련해 놓은 오묘한 축복이 있다. 요즘 세상은 양심과 정의를 지켜 사랑을 실천하는 사람을 바보로 보지만 그곳에는 인간완성에 이르는 진리의 길이 숨겨져 있다.

어둠 속에서 진리를 실천하다 보면 여러 가지 장애에 부딪히게 되고, 어려운 상황을 극복하는 과정에서 마음속에 애가 타고 사심이 사라져 맑은 영혼을 완성하게 되는 것이다.

따라서 아무리 현실이 어렵더라도 진리에 대한 확신을 가지고 힘차게 현실을 살아가는 것이 선한 근본과 맑은 마음을 가진 사람이 걸어가야 할 길이다. 진리는 세상을 지키고 인간을 기르는 유일한 법이기 때문에 이에 따라 살아간다면 그대의 몸과 마음은 점차 편안해질 것이며 인간완성의 열매를 얻게 될 것이다.

경제를 살리는 길

　경제의 근본은 이윤추구로 돈을 버는 것이 목적이다. 돈을 벌기 위해서는 경제가 잘 돌아가야 하므로 경제의 활성화가 곧 경제의 바탕이 된다. 좋은 땅과 좋은 환경이 작물을 잘 자라게 하듯이 경제를 움직이는 바탕이 좋으면 경제는 저절로 살아나게 된다.
　경제를 활성화시키는 바탕 중에 가장 중요한 것은 일할 수 있는 분위기를 만드는 것이다. 이를 위해서는 일한 대로 결과가 오게 해야 한다. 사람의 마음은 누구나 자존하려는 생명력이 있기 때문에 노력한 대로 결과가 오는 것을 알면 누구나 최선을 다해 일하려고 한다. 따라서 모든 제도는 일한 대로 결과를 받는 공정한 이치가 실현되도록 짜여져야 한다.
　그러므로 일한 만큼 받게 된다는 경제동기를 제한하는 지나친 사회적 장애와 각종 규제, 세금 등은 철폐되어야 한다. 그러한 요소 중 안보 불안은 우리나라의 지정학적 요인으로 피할 수 없는 요소라 하겠지만, 관료에 의해 자의적인 규제가 가능한 각종 제한규정을 단순화시켜 누구나 쉽게 알아볼 수 있도록 해야 한다. 지금 우리나라의 경제관련 규정은 거미줄처럼 얽혀 있어 이현령비현령으로 당국자가 마음만 먹으면 자의적인 규제가 가능한 상황으로 이를 대폭 간소화시켜야 한다. 그리고 세금부담을 경감시켜 국민들이 일해도 보람이 없다는 상실감이 들지 않도록 해야 한다.

지속적인 경제발전을 위해서는 경제가 효율적으로 움직이도록 해야 하는데 이를 위해서도 공정한 경쟁 원리의 확립이 필요하다. 그동안 우리 사회에는 경제에 진입하는데도 장애가 많았고, 결과에 있어서도 권력자의 정실과 불합리한 정책이 개입되어 공정하지 않은 경우가 많았다.

따라서 모든 분야에서 공정함이 유지되도록 하여 경제 논리에 의해 경쟁력 있는 것만 살아남도록 해야 한다. 비효율적인 곳을 정실로 지원함으로써 전체를 못살게 하는 어리석음을 범하지 않아야 한다. 경제의 원리는 장사가 잘되는 곳을 살리고 장사가 잘되지 않은 곳을 청산하여 힘을 잘 되는 곳으로 몰아줌으로써 잘되는 곳이 국가 전체를 먹여 살리게 해야 하는 것이다.

실물경제를 뒷받침하는 금융 부분은 이러한 경제원리에 충실할 수 있는 시스템을 만들어 원칙에 충실하게 운영해야 한다. 이때 가능한 한 정부는 관여해서는 안 된다. 그러면 금융 부분은 자신들의 이익을 위해 살아남을 수 있는 기업만 지원하고 손해되는 기업은 지원하지 않아 가장 효율적으로 작동하게 된다. 그러면 경쟁력 있는 곳만 살아남고 경쟁력 없는 곳은 도태되어 저절로 경제 전체가 효율화되는 것이다.

경제의 기본원리는 어려운 논리가 아니라 초등학교 교과서에 나오는
사랑과 봉사, 창의와 근면, 검소와 정직이다.

이러한 경제원리를 무시하고 국가가 인위적으로 개입하거나 지원정책을 쓰게 되면 자원의 비효율성을 야기하고 경제 동기를 마비시켜 국가 전체가 못 살게 된다. 경쟁력 없는 것을 도와주면 장기적으로 국가 전체에 손해가 되는 것이다.

경제는 스스로 살아 움직이게 하는 것이 원칙이다. 따라서 케인즈학파와 같은 인위적 정책은 결국 경제를 왜곡시켜 더 큰 문제를 야기하게 한다. 그러므로 국가의 간섭과 지원은 왜곡된 것을 시정하고 경쟁을 더욱 활성화하는 데 한정해야 한다.

개발 초기에는 국가만이 자원과 인력을 보유하고 있으므로 국가의 선도 아래 자원을 총동원하여 전략 부분에 집중 투자하는 것이 큰 효과를 거둔다. 그러나 경제가 내실화되고 개인의 힘이 강해지면 각 개인의 힘을 최대한 발휘할 수 있도록 하는 것이 경제발전의 관건이 된다. 왜냐하면 국가의 힘은 개개 국민의 능력이 모인 것이기 때문이다. 만약 국가가 계속 관여하게 되면 개인의 힘이 약해지고 경제의 효율적인 흐름이 왜곡되어 장기적으로 발전 동력을 약화시키게 된다.

시골에서 아이들을 모두 집안에 붙잡아 놓고 농사일만 시키면 평생 가난하게 살 수밖에 없지만, 아이들을 모두 도회지로 내보내 각자 생활하게 하면 아이들은 각자 살아남기 위해 최선의 노력을 기울이므로 총 수확에 있어서는 비교할 수 없이 커지는 것이다.

지금 우리나라에서 가장 시급한 것은 경제를 살리는 것이다. 경제는 국가 살림의 근간이기 때문에 경제가 잘되면 국방, 문화 등 모든 분야가 다 살아나게 된다. 국가 경제를 살리기 위해서는 국가 경제의 기본단위인 국민 개개인을 잘살게 해야 하는데, 이를 위해 가장 중요한 일은 모든 국민이 스스로 자존할 수 있도록 1인 1기술을 갖도록 하는 것이다. 모든 국민이 자존할 수 있는 생활능력을 갖추게 되면 그 나라의 경제는 절대 망하지 않으며 발전할 수밖에 없다.

이를 위해서 중고등학교 교육을 지금과 같은 인문 위주에서 직업 위주로 바꾸고 기술직을 우대하도록 해야 한다. 교육에 있어서 가장 중요한 것은 자존할 수 있는 생활인을 만드는 것이다. 철학과 예술은 일단 살아남고 나서 필요한 것이다.

그래서 모든 국민이 자기 분야에서 성공하면 국가에서 최고의 존경과 대우를 해주어야 한다. 그러면 모든 사람들은 자기 분야에서 최선의 노력과 창의를 발휘할 것이며 모든 분야는 활성화되고 급속도로 발전하게 되는 것이다.

이러한 정책을 뒷받침하기 위해서 누구든 자기 분야에서 최고의 자리에 오르면 사회 지도자로 인정해주는 풍토 조성이 필요하다. 그래서 이러한 분들이 모여 국정을 운영하는 원로회의나 직능제 의회 같은 것을 설치하면 정치꾼에 의한 국정 농간도 줄어들고 현실에 맞는 국정운영이 가능해질 수도 있는 것이다.

경제의 기본원리는 어려운 논리에 있지 아니하며 초등학교 교과서에 있는 사랑과 봉사, 창의와 근면, 검소와 정직에 있다. 경제는 남이 필요한 것을 제공해주고 그 대가를 받는 것이다. 따라서 남에게 더 좋고 더 편리한 것을 제공하면 사람들은 이를 좋아하며 더 구매하게 된다. 이때 필요한 것이 창의력이다. 더 많이 생각하고 더 머리를 써 원가를 싸게 하고 질이 좋은 새 제품을 만들어 내면 경제는 계속 발전하게 되는 것이다.

그리고 열심히 노력해야 한다. 이 세상에는 지은 대로 받는 완전한 인과의 법칙이 드리워져 있어서 성실하게 살아가는 국민에게는 부족함이 없다. 망하는 나라의 공통적인 현상은 국민이 사치스럽고 불성실하며 일확천금만 꿈꾼다는 사실을 명심해야 한다.

그리고 들어온 수입보다 나가는 돈이 적도록 항상 절약해야 한다. 처음에는 이것이 아무것도 아닌 것처럼 보이지만, 시간이 흐르면 그렇게 산 사람들은 모두 부자가 될 수밖에 없다. 이것은 필연적인 부자가 되는 공식이다.

교육의 요체

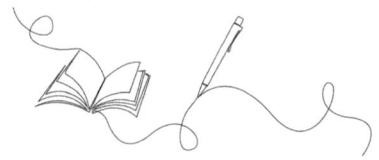

　교육은 사람을 키우는 것이다. 세상에서 제일 중요한 일이 바로 사람을 키우는 일이다. 왜냐하면 세상의 주체는 사람이며 사람이 하나 밝아지면 그 주위에 있는 모든 어둠이 사라지기 때문이다. 저자가 그동안 홈페이지를 통해 진실을 이야기한 것도 세상을 밝게 만들 좋은 사람을 구하기 위함이었다.
　가장 좋은 교육은 진리로 사람을 교화하는 것이다. 그러나 지금 교육은 인간에게 소중한 진리와 바른 가치를 가르치지 않고 인생을 농사짓는 데 별 소용없는 잡다한 지식만 가르치고 있다.
　그래서 오늘날 교육은 대학까지 십여 년을 공부하고 나와도 세상을 위해 인간적 보람과 가치를 추구하는 사람은 적고 욕망을 향해 수단 방법을 가리지 않는 동물적인 인간만 양산되고 있는 것이다.
　요즘 매스컴에서는 평준화 정책에 의해 학생들의 학력이 크게 떨어졌다고 야단이다. 그러나 인간을 교육함에 있어서 성적은 그리 중요한 요소가 아니다. 지식을 많이 암기하여 좋은 성적을 거두는 것은 좋은 인간을 만들고 밝은 세상을 만드는데 거의 기여하지 못한다.

실제 세상살이에는 밝은 정신과 사칙연산만 있으면 된다. 밝은 정신은 거짓없고 부지런한 사람을 만들어 정직하고 성실한 사회를 만들어내며 사칙연산은 모든 경제활동을 가능하게 하기 때문이다.

우리나라가 그토록 교육입국을 부르짖었음에도 좋은 사람 만들기에 실패한 것은 올바른 가치와 진리를 가르치지 않고 암기 위주의 지식교육만 했기 때문이다.

오늘날 일부에서 학생들의 학력 부족 현상을 주장하는 것은 암기교육으로 일류를 추구해 온 엘리트들이 자신들의 기존 특권을 유지하기 위한 몸부림이다. 사회 전반에서 학력을 중시하지 않는 풍토가 나타나게 되면 지식경쟁을 통해 선발된 자신들만의 엘리트 쉽 근거 시스템이 무너지기 때문이다.

암기 위주 지식교육의 병폐는 심각하다. 학교 다닐 때 잡다한 지식을 머리에 쏟아부으면 머리가 용량 부족 상태가 되어 컴퓨터와 같이 열을 받아 다운되는 현상이 나타난다. 그래서 암기 위주의 공부를 많이 하는 학생들이 책만 보면 열이 나고 머리가 아파오는 슬럼프 현상이 나타나는 것은 바로 이와 같이 작은 머리에 지나친 용량의 지식을 들어부었기 때문이다. 머리가 이런 상태가 되면 쇼크 상태가 되기 때문에 앞으로도 머리가 정상적으로 작동하지 않아 창조력이 살아나지 않는다. 한 번 열이 나 들떠버린 엔진은 정상으로 돌아오기가 매우 힘든 것이다.

이런 사람은 사회에 나가면 주어진 지식을 그대로 읊조리는 앵무새 역할은 잘하지만 새로운 것을 창조하는 주체적 인간은 되지 못한다. 즉 비겁하며 권위에 충실한 지식인이 되는 것이다. 그래서 명문대학을 나온 사람들은 출세와 권력을 위하여 윗사람이 시키는 것은 잘하지만, 스스로 옳고 그른 것을 가려 용기있게 생활하기는 어려운 것이다. 이것이 우리나라 지식교육의 근본적인 병폐이다.

우리나라 중고등 학생의 학력은 매우 뛰어나다. 왜냐하면 우리나라 중고등 학생의 학력은 지나친 경쟁으로 말미암아 외국에 비해 월등히 앞서고 있기 때문이다. 그래서 외국에 이민가게 되면 초중고 때는 거의 상위층에 든다. 그쪽 아이들은 별로 등수에 신경 안 쓰고 자유롭게 공부하지만, 우리나라 학부모들은 유별한 경쟁심으로 아이들을 계속 방안에 가둬놓고 공부만 시키기 때문이다.

그러나 이러한 상황도 대학을 가면 역전이 된다. 우리나라 학생들은 대학가기 전에 이미 지나친 암기 교육으로 머리가 다운된 상태라 외국 학생들에 비해 창의력과 인내력이 상대가 되지 않는다. 외국 아이들은 억눌리지 않은 밝고 자유로운 마음으로 자기가 좋아하는 분야에서 잘 발달된 머리로 고도의 창의력을 발휘하게 된다. 그러나 우리나라 학생들은 공부에 질리고 잡다한 지식이 머리에 가득 차 더 이상 학구열과 창조력을 발휘하지 못하는 것이다. 그래서 창조력이 중시되는 현대사회의 경쟁에서 뒤지는 현상이 나타나는 것이다.

결과를 보면 원인을 알 수 있다. 지금 우리나라가 오랫동안 교육입국을 주장하면서도 어둡고 부정직한 사회가 된 것은 자라나는 세대에게 별로 중요하지 않고 가치없는 것을 가르쳤다는 증거이다.

지금 교육당국에서는 교육입국을 위한 갑론을박이 한창이다. 그러나 문제의 핵심은 그들이 과연 인간에게 있어서 무엇이 소중한지, 무엇을 가르쳐야 할지를 모른다는 사실이다. 세상이 무엇인지, 삶이 무엇인지, 진리가 무엇인지, 무엇을 가르쳐야 할지를 모른 채 잡다한 지식 속을 헤매며 비현실적인 이상만 외치고 있는 것이다.

지금 교육에서 가장 중요한 것은 자라나는 세대들에게 세상을 밝히는 진리와 인간의 참된 가치를 가르치는 일이다. 진리를 알게되면 세상의 어둠에 묻히지 않고 바른 가치를 찾아 밝은 이치를 행하게 된다.

지금 세상이 어두운 이유는 진리의 빛이 희미해져 양심과 정의가 사라지고 사람들이 욕망만을 추구하며 살아가기 때문이다. 그래서 자신의 이익을 위해 수단과 방법을 가리지 않는 권모술수와 부정부패가 만연하고 있다.

요즘 사람들은 악이 선을 이기는 세상을 보고 세상이 무의미하고 혼란스럽다고 한다. 그러나 이 세상에는 완전한 진리와 절대적 가치가 존재한다는 것을 알아야 한다. 사람들이 공기없이 한시도 살 수 없으면서 공기를 잘 느끼지 못하고 살듯이, 하늘의 완전한 뜻과 인과의 법칙이 온 세상을 감돌고 있어도 사람들은 그 실체에 대해 망각하며 살고 있는 것이다.

이러한 진리는 부처와 예수같은 성자들이 진리를 밝히기 이전부터 본래 우주 속에 깃들어 있는 것으로 이 우주의 실체는 본디 완전하고 신성하다. 성자들은 우주의 완전함과 그것을 그대로 물려받은 인간의 존귀함을 보시고 올바른 진리에 따라 바르게 살면 구원을 받고 완성에 이른다는 인간의 참된 존재 이유를 밝힌 것이다.

그래서 사람들에게 삶을 소중히 하고 올바르게 사는 법을 가르쳤지만, 사람들은 이것을 무시하고 오직 출세와 욕망만을 추구하고 있다. 지금 세상이 어둡고 불행 속을 헤매는 이유도 사람들이 이런 진리와 인간의 의미를 무시한 채 함부로 나쁜 원인을 저질러왔으며 그 업과 결과가 우리들의 마음과 세상 속에 남아 영향력을 발휘하고 있기 때문이다.

그러므로 교육에서 가장 중요한 것은 이러한 진리가 인간의 삶 속에 분명히 존재하며, 인생이란 바른 삶을 통하여 자신을 완성시키는 과정이라는 것을 가르치는 일이다. 이러한 진리의 빛을 가르치면 좋은 원인이 마음속에 들어가 세상을 바르게 보게 되고 바른 행동을 하게 되어 점점 자신과 세상을 밝게 만드는 원동력이 된다.

모든 사람에게는 자신이 태어난 의미를 달성하기 위해 삶을 통해 마땅히 해야 할 일이 있다. 그것은 바른 이치를 열심히 실천하여 밝은 세상과 좋은 자기를 만들어나가는 일이다. 이때만이 자신과 더불어 세상이 좋아지고 신성과 하나되는 인간완성의 길을 걸어갈 수 있는 것이다. 진리로 이루어진 세상에서 이러한 이치를 받아들일 때만이 인간은 근원적 소외에서 벗어나 자연과의 조화 속에서 자신과 세상을 가꿀 수 있는 지혜를 갖게 된다.

그러나 오늘날 현실은 진리에 눈이 어두워 오직 동물적 생존만 가르칠 뿐 인간의 바른 길과 신성한 의미에 대해 가르치지 못하고 있다. 학교에서도 국민 생활의 바탕이 되는 덕성과 인간이 갖추어야 할 기본적인 진실을 가르치지 못하고 개인의 이기심과 현실적 욕망에 대해서만 가르친다.

더구나 아이들에게 사실주의라고 해서 악이 일시적으로 지배하는 현실을 아무런 여과없이 들려주며, 상상력을 동원한다는 이유로 존재하지 않는 환상을 마구잡이로 전한다.

이처럼 이치에 맞지 않는 일들을 함부로 들려주게 되면 순수한 아이들은 마음이 어두워지고 일차원적 인간이 되어 비현실적이 된다. 지금 우리 사회에 성실함이 사라지고 꿈을 꾸는 몽상가와 공주병 환자들이 늘어나는 이유는 잘못된 교육이 인간의 참된 가치와 바른 이치를 가르치지 않고 환상과 욕망만을 가르쳤기 때문이다.

요즘 우리 사회는 수단과 방법을 가리지 않고 외형적인 부와 권력과 지위를 취득하는 것을 최고의 가치로 삼고 있으며, 쾌락과 소유를 가장 큰 삶의 의미이며 가치로 여기고 있다. 어두운 사회에서는 바른 이치가 보이지 않기 때문에 모두 그렇게 사는 것이 현명한 처세라고 생각할지 모른다. 그러나 이것은 마약중독과 같아서 일시적으로는 좋아 보일지 모르나 결국 사회 전체를 마비시켜 붕괴시키게 되는 것이다.

지금 현실적으로 가장 영향력이 큰 상업주의 매스컴에서는 시청률을 위하여 자극적이고 쾌락적인 정보 생산에만 관심을 기울이며 인간의 감정과 욕망을 부추기는 일에 중점을 두고 있다. 이것이 방송수입과 직결되고 유능한 방송인으로 평가받는 척도가 되기 때문이다. 그 결과 국민들의 마음속에는 탐욕이 들끓게 되고 영혼은 애욕으로 무거워지게 된다. 그리하여 욕망에 의해 어두워진 마음은 사리분별이 사라지고 동물과 같은 인간이 양산되어 무질서와 불성실, 사회 붕괴를 부추기게 되는 것이다.

이와 같이 우리 주변에 나타나고 있는 왜곡된 현실은 삶을 받치고 있는 바른 이치와 인간의 길을 가르치지 않고 쓸데없는 지식과 동물의 길을 가르쳤기 때문이다. 따라서 우리나라 교육은 새로운 인식 전환이 있어야 하며, 세상을 유지하고 가꾸어 나가는 진리에 대한 새로운 자각이 있어야 한다. 이것만이 인간성 넘치고 바른 이치가 확립된 밝은 사회로 회복시켜 줄 수 있다.

그러므로 인간의 의미와 가치, 완전한 인과의 법칙, 양심과 정의를 가르치는 것이 중요하다. 가정이나 학교, 사회 등 모든 곳에서 선하고 바른 자는 복을 받고 악하고 그릇된 자는 화를 입는다는 권선징악의 이치를 가르친다면 우리 사회는 양심과 정의가 바로 선 밝은 사회가 될 것이다.

지금 우리 젊은이들에게 가장 중요한 덕목은 양심과 정의이다. 양심과 정의가 확립되면 세상의 모든 문제는 저절로 해결된다. 양심은 자신과 세상을 소중히 생각하고 바르게 살아가려는 마음이며 정의는 이치에 따라 올바른 세상을 만들어 가는 덕목이다. 양심은 자신을 밝히는 등불로서 자신을 완성으로 이끌며, 정의는 세상을 지키는 등불로서 세상을 밝고 행복하게 만든다. 과거 역사를 살펴볼 때 양심과 정의가 약해진 나라는 모두 역사 속에서 사라져 버렸다는 사실을 명심해야 할 것이다.

따라서 초등학교 때부터 고통 속에서도 세상을 위해 자신의 뜻을 꺾지 않고 양심과 정의를 실천한 위인의 이야기를 많이 들려주어야 하며, 선한 마음으로 세상을 축복한 사례를 많이 가르쳐서 아이들의 마음에 양심과 정의가 자리잡도록 해야 한다.

진리는 밝음이고 생명이며, 비진리는 어둠이고 고통이다. 현재 우리나라가 어려워진 것은 바로 이러한 진리의 빛이 우리 사회에 희미해져 버렸고 인간의 행복을 기초하고 있는 인간의 존엄과 가치, 양심과 성실함이 사라졌기 때문이다. 따라서 우주 속에 분명히 존재하는 진리와 인간의 의미를 밝히고 이를 세상에 확립한다면, 우리나라는 세계에서 최고의 자질을 가진 국민과 부강한 나라를 갖게 될 것이다.

지금 우리 젊은이들에게 가장 중요한 덕목은 양심과 정의이다.
양심과 정의가 확립되면 세상의 모든 문제는 저절로 해결된다.

선과 악의 절대적 기준

어두운 세상이라 삶의 기준이 무엇인지 어떻게 살아야 할 것인지 길이 보이지 않는다. 그래서 사람들은 자신이 의지할 것은 현실 속에서 성공하는 것밖에 없다고 생각하여 자신의 이익을 위해 수단 방법을 가리지 않는다. 그래서 세상은 더욱 악하고 혼란스럽게 변하고 있다.

그래서 요즘 유행하는 '모든 것은 변화하니 절대적인 것이 있다면 오직 절대적인 것이 없다'라는 말이 있다. 이것이 바로 오늘날 세상의 모습이다. 삶의 의미와 가치를 상실하고 세상을 바라보는 빛이 사라진 것이다. 이러한 깜깜한 어둠 속에 있으면 어떠한 것도 제대로 볼 수 없으며 구분할 수도 없다.

이러한 한계를 벗어나기 위해서는 어둠을 밝혀 사실을 사실대로 비추는 진리의 빛이 필요하다. 진리의 빛이 나타나면 혼란은 사라진다. 모든 것이 분명해지고 길이 드러나는 것이다. 눈이 어두운 자에게 세상은 어둠과 혼돈으로 보이나 세상을 보는 자에게 세상은 수학 공식처럼 명확하다. 그래서 성자들이 혼란의 시기에 나타나 인류에게 분명한 진리와 인간이 가야 할 길을 제시했던 것이다.

이러한 혼돈과 관련하여 현실 속에서 여러 가지 이해관계가 뒤얽혀 있을 때 과연 어떤 것을 선택해야 하는가 하는 판단의 문제가 대두된다. 이것을 선택하려니 저것이 걸리고, 저것을 선택하려니 이것이 걸리는 모순에 부딪히는 것이다. 따라서 혼란투성이인 현실 속에서 현명하게 선택하기 위해서는 현실에 대한 정확한 인식이 필요하다.

세상은 지난 시절 인간이 지은 여러 가지 원인이 모여 나타난 결과체이다. 거기에는 선과 악, 좋고 나쁜 원인이 한꺼번에 얽혀 있다. 현실의 선악을 판단할 때는 이와 같이 현실을 구성하는 과거의 모든 원인을 함께 보아야 한다.

어둠 속에 있으면 어떠한 것도 제대로 볼 수 없다.
진리의 빛이 나타나면 모든 어둠은 사라진다.

이를 무시하고 현재 어느 한쪽의 입장이 선하다고 해서 그것이 절대선이라고 경솔하게 판단해서는 안 된다. 사람들은 이러한 전후 관계를 보지 않고 자기 생각만으로 선이라 주장하고 고집스럽게 행동하다가 나쁜 결과를 빚어 서로에게 아픔을 주고 세상에 불행을 가져오는 것이다.

선악을 함께 가진 현실에 대처하기 위해서는 실상을 정확히 파악하여 무엇이 잘못되었고 잘된 일인가를 분명히 해야 한다. 그리하여 나쁜 원인을 멀리하고 좋은 원인은 부추기며 고칠 수 있는 악은 타이르고 고칠 수 없는 악은 잘라야 한다.

예를 들어 범죄자를 처벌할 때 실상의 이치를 모르는 자들은 죄는 미워하되 인간은 미워하지 말라고 하면서 끊임없는 용서와 관심으로 그들을 계도해야 한다고 주장한다.

그러나 악은 환경에 영향을 많이 받지만, 근본적으로는 자신 속에 내재된 악업으로부터 나온다. 따라서 마음에 악업이 두텁고 악습에 젖은 자들은 아무리 교육시켜도 자신 속에 절어있는 악업에서 벗어나기가 힘든다. 그래서 쉽게 범죄 충동을 일으키는 것이다.

만약 오늘날과 같이 악하고 무지한 세상에서 악의 습성에 물들어 도저히 인간으로서 할 수 없는 짓을 저지르고도 용서받는다면 그들은 더 큰 악을 행하게 될 것이고 결국 세상은 악마의 소굴이 되고 만다.

모든 일은 그 인과와 일의 성격을 알고 대책을 세워야 한다. 충동적으로 악을 저지르는 상습범은 그 습성이 악으로 감염되어 선을 받아들이기 어렵고, 모든 악행이 악업으로 물든 자신의 내면에서 나오기 때문에 이들에게는 유화책보다는 강경책이 필요하다. 이와 같이 세상일을 처리함에 있어서는 실상을 정확히 파악하여 상황에 맞는 대책을 세워야 한다.

진실을 알지 못하는 자들은 절대선을 주장한다. 그러나 선과 악이

뒤섞여 있는 현실에서 상황을 고려하지 않고 절대선을 주장하는 것은 어리석은 일이다. 사실을 정확히 알면 그 상황에서 행해야 할 최고의 선이 나온다.

예를 들어 어느 독재자가 세상을 정복하려고 전 세계와 전쟁을 벌인다고 했을 때 그 휘하의 병사가 정당한 전투행위를 한다고 해서 그것이 정당화될 수 없다. 그 병사의 전투행위는 불의에서 나타난 것이기 때문이다. 이처럼 모든 일은 그 원인과 뿌리를 보아야 하는 것이며 결과 또한 고려해서 판단해야 한다.

가장 분명한 선악의 판단기준은 그 결과가 말해준다. 상황에 얽힌 문제점과 선악을 정확히 보고 행동한다면 그 결과는 모두에게 이로운 것으로 나타난다. 따라서 결과가 좋은 일은 상황에 따른 정확한 판단과 대책을 행했다고 볼 수 있다. 잘못된 원인이 좋은 결과를 가져오는 일은 있을 수 없기 때문이다.

인류와 세상에 대한 진정한 사랑이 있고 어떤 원인이 나쁘고 어떤 원인이 좋은지 사실을 정확히 판단할 수 있다면 그는 정의와 선업을 행할 수 있게 되는 것이다.

그래서 상황이 어떻게 돌아가는지, 선악이 어떻게 얽혀있는지 고려하지 않고 무조건적인 선을 주장하는 순진한 이상주의자가 현실에서 가장 위험한 인물이 되는 것이다.

운명과 미래

사람들은 누구나 행복하게 살고 싶어 하지만 대부분은 행복이 자기 몫이 아님을 깨닫고 운명인 양 체념하고 산다. 그리고 자신의 운명에 대해 매우 궁금해 하면서도 알아볼 방법이 없다.

과연 이 세상에 운명이란 존재하는가? 그것은 우리에게 어떤 의미가 있는 것일까? 우리는 운명을 극복할 수 없는 것일까? 이처럼 운명은 항상 우리 곁에 머물고 있지만, 우리가 운명을 두려워하고 바꾸지 못하는 것은 거대한 산처럼 우리 앞을 짓누르고 있는 운명에 질려 그 실상을 알아볼 엄두조차 내지 못하고 있기 때문이다.

운명이란 한마디로 말해 참외씨를 심으면 참외가 나고, 오이씨를 심으면 오이가 나는 것과 같다. 운명이란 자기 자신이 타고난 근본에 의해 지어지는 현상이다. 오이씨가 오이의 모습을 벗어날 수 없듯이 인간도 자신이 타고난 근본 속성을 벗어날 수 없다.

이러한 원인과 결과의 법칙은 불경뿐만 아니라 성경에도 잘 나타난다. "그의 열매로 그들을 알지니 가시나무에서 포도를, 또는 엉겅퀴에서 무화과를 따겠느냐? 이와 같이 좋은 나무마다 아름다운 열매를 맺고 못된 나무가 나쁜 열매를 맺나니, 좋은 나무가 나쁜 열매를 맺을 수 없고 못된 나무가 아름다운 열매를 맺을 수 없느니라."(마태 7장 16~20절)

성자들은 이와 같이 사실 속에 흐르는 완전한 이치를 보고 지은 대로 결과를 받는 영원한 진리를 밝혔다. 이러한 법칙이 있기에 이 세상은 의미가 있으며 살아갈 만한 가치가 있는 것이다.

인과의 이치란 이것과 저것이 만나 그로부터 세상일이 나타나는 현상을 말한다. 이러한 원리는 부처와 예수같은 성자들이 태어나기 전인 태초부터 있어 온 약속이다. 따라서 세상의 모든 일은 지은 대로 나타나기에 이를 어떻게 활용하느냐에 따라 삶의 주인이 될 수도 노예가 될 수도 있다.

세상의 모든 일은 과거의 원인에 의해 나타나기에 원인이 변하지 않으면 항상 같은 결과를 가져온다. 따라서 동일한 인과의 법칙에 의해서 새로운 원인이 가미된다면 반드시 새로운 결과가 나타나게 되어 있는 것이다.

사람들이 똑같은 운명의 굴레를 도는 것도 자신이 지니고 나온 전생의 업에서 벗어날 좋은 원인을 짓지 못하고 그 속에 갇혀 쳇바퀴 돌 듯 계속 같은 길을 걸어가기 때문이다. 따라서 자신의 운명을 바꾸기 위해서는 타고난 근본을 바꿀만한 새로운 원인을 지어야 한다.

바로 여기에 운명의 극복 가능성이 있다. 바른 진리를 만나 좋은 원인으로 맑은 영혼을 만들게 되면 반드시 좋은 운명과 밝은 후생을 기약할 수 있게 되는 것이다.

인간은 자신이 지은 업에 따라 거미처럼 운명의 실을 잣지만,
어떻게 짜 나갈 것인가는 스스로 결정할 수 있는 주체적 거미이다.

여기에 운명의 주체로서 자유와 창조라는 신의 속성을 부여받은 인간의 가치가 나타난다. 인간은 자신이 지은 업에 따라 거미처럼 운명의 실을 잣지만, 어떻게 짜나갈 것인가는 스스로 결정할 수 있는 주체적 거미인 것이다.

신성한 우주의 근원(조물주, 불성, 신성, 신)은 이 세상을 완전하게 지어놓고 자신을 닮은 인간에게 세상의 주인으로서의 역할을 맡겼다. 신은 자신이 만든 완전한 뜻으로 세상을 심판할 뿐 스스로 나타나 인간의 일에 간섭하거나 구원을 주는 일은 없다. 만약 완전한 하늘이 그러한 이치에 맞지 않는 일을 한다면, 그런 불완전한 신은 존재할 가치가 없을 것이며 그렇게 만들어진 엉성한 세상은 금방 무너지고 말 것이다. 따라서 이 세상은 인간이 주체로 스스로 짓는 바에 따라 완전한 결과를 받고 있으며 모든 일은 인간의 책임하에 이루어지고 있다.

그러나 운명의 주인이라고 해서 자기가 바라는 무늬와 곱기로 베를 짜는 것은 쉬운 일이 아니다. 자기 마음대로 운명의 베를 짤 수 있다면 출세하지 못하는 사람은 아무도 없고 돈 못 버는 사람도 아무도 없을 것이다.

사람들은 자신의 운명에 불만을 느끼고 바꾸려고 노력하지만, 주어진 습성을 스스로 벗어나기는 매우 힘이 든다. 돈 후앙에게 바람기를 버리라고 할 수 없는 일이며 마약 중독자에게 마약을 끊으라고 해서 끊을 수 없는 일이기 때문이다.

지금 대부분의 사람들은 쾌락과 재물과 출세라는 마약에 중독되어 살고 있다. 참된 인간의 보람과 가치를 위해 그러한 굴레에서 벗어나야 된다고 말을 하지만, 대부분의 사람들은 용기가 없고 바른 진리를 받아들일 양심이 부족하기 때문에 습성을 그대로 지닌 채 살아간다. 그래서 사람들은 평생 동안 운명이라는 굴레를 천형처럼 지니며 살아가는 것이다.

어떤 사람의 실수를 유심히 관찰해보면, 그곳에 똑같은 실수가 반복되고 있음을 볼 수 있다. 그것은 그 사람의 마음속에 그러한 실수를 유발시키는 근원적인 일, 즉 업이 있기 때문이다. 이처럼 자신 속에 내재되어 행동에 영향을 주는 업의 작용을 보고 사람들은 '운명은 바꿀 수 없다'고 말한다.

그러나 인간의 삶이 이와 같이 과거의 업에 의해 고정되어 있다면 인생은 아무런 의미가 없다. 인간이 살아 움직인다는 것은 기계와 같이 고정된 동작만 되풀이하는 것이 아니라 운명의 주인이 되어 자신이 의지하는 대로 변화를 일으킬 수 있다는 것을 의미하기 때문이다.

따라서 운명은 얼마든지 바꿀 수 있고 바뀌는 것이다.

그러한 이치는 주변에서 쉽게 확인할 수 있다. 빨간 물감에 흰색을 섞으면 분홍으로 변하고 더 많이 섞으면 연분홍으로 바뀐다. 따라서 이러한 인과법을 깨닫고 자신의 업을 지울 수 있는 좋은 원인을 쌓으면, 실수를 유발하던 요소가 붉은색에서 연분홍으로 변하고 나중에는 거의 사라져 버리는 것이다.

자신이 호박의 자질을 타고났다 하더라도 부족한 천성을 과감히 잘라내고 그 자리에 수박 순을 접붙이면 수박이 열리게 되는 것이 우주의 이치이다.

운명도 이러한 인과의 이치 속에 있으니 삶을 통하여 새로운 일을 자신 속에 있게 하면 그 일이 마음속에 들어와서 작용하기 때문에 새 운명을 살 수 있게 된다. 따라서 자신의 운명을 변화시키려는 자는 주어진 운명의 수레바퀴 속에 새로운 원인을 주입하면 새 인생이 나타나는 것이다. 즉 자신이 호박의 자질을 타고났다 하더라도 부족한 천성을 과감히 잘라내고 그 자리에 수박 순을 접붙이면 수박이 열리게 되는 것이 우주의 이치이다.

　사람의 운명이 불행하고 나쁜 것은 그 마음속에 세상을 바로 보는 맑음이 적고 어둠을 좋아하는 탁업이 많기 때문이다. 따라서 좋은 운명을 지니고자 하는 이는 항상 바른 진리와 밝은 인연을 가까이 해야 한다.

　만약 진실에 대한 깨달음이 없고 진리를 받아들이지 않는다면, 업은 영원히 자기 속에 남아 활동을 되풀이함으로써 고정된 운명을 지니게 된다. 게다가 좋은 인연을 만나기는커녕 말세의 어둠에 휩쓸려 나쁜 인연을 계속 짓게 되면 그의 운명은 더욱 나빠지게 된다.

　이처럼 이 세상은 완전한 인과법 속에 존재한다. 좋은 원인은 좋은 자신과 좋은 운명을 만들고 나쁜 원인은 나쁜 나와 나쁜 운명을 만든다. 따라서 스스로 더 나은 자신을 만들려고 노력하지 않는다면 고정된 운명에 머물게 된다. 이러한 이치는 너무나 명백하다. 돈을 벌려면 일을 해야 하고, 이름을 떨치려면 자기 자신을 가꾸는 노력을 해야 하며, 세상을 위해 보람있게 살려면 세상의 이치와 인간의 길을 알아야 하는 것이다.

　지금 세상은 악과 어둠 속에 있으며 사람들은 욕망과 집착에 물들어 있다. 그래서 사람들은 현실의 허무와 불행에 몸서리치면서도 자신을 바꿀 생각은 하지 않는다. 따라서 지금 우리에게 절실히 필요한 것은 인간이 왜 바른 삶을 살아야 하며, 왜 세상을 위해 좋은 일을 해야 하는지를 밝히는 일이다.

　인간은 우주의 일부이기 때문에 우주의 흐름에 따라 살지 않으면 불행하게 될 수밖에 없다. 따라서 물질문명의 한계를 극복하고 인간의 참된 의미를 찾기 위해서는 과거 성자들이 보신 완전한 우주의 조화와 이치를 재발견해야 한다.

이러한 진리는 세상을 이치대로 이루어지게 하고 인간의 마음에 지혜와 평안을 주어 그 운명을 밝게 만든다. 이러한 인과의 법칙은 너무나 완전하기 때문에 한번 지어진 것은 결코 저절로 사라지는 법이 없으며 반드시 그에 상응한 결과를 가져온다. 따라서 이러한 인과법을 이해한다면 우리는 매사에 유의하여 좋은 뜻은 조금이라도 많이 짓고 나쁜 뜻은 가능한 한 짓지 않도록 노력해야 한다.

이러한 법칙 앞에는 어떠한 사술도 용납되지 않으며 점과 사주, 성명학이나 기도, 심지어 신의 축복 또한 통하지 않는다. 신도 자기 마음대로 세상을 짓지 못하며 사실 속에 존재하는 인과의 이치를 통하여 자신의 뜻을 나타낸다.

그러므로 우리는 주변에 존재하는 사실과 이치에 대해 바로 앎으로서 우리가 원하는 모든 것을 이룰 수 있다. 따라서 현재 내가 원하는 운명을 누리지 못하는 것은 사실 속에 존재하는 문제를 정확히 보지 못하고 호박같은 속성을 끊기를 거부하며 그 문제를 해결할 용기와 대책을 실천하지 못하기 때문이다. 이것이 바로 인간의 운명에 숨겨진 너무나 쉬우면서도 실천하지 못하는 비밀이다.

인연과 신의 뜻

 누구는 불행하게 살다 가고 누구는 행복하게 살다 간다. 누구는 악하게 살다 가고 누구는 선하게 살다 간다. 누구는 가난한 곳에 기형아로 태어나 불행하게 살고, 누구는 복된 곳에 건강하게 태어나 행복한 일생을 보내고 간다.
 이를 어떤 종교인들은 신의 또 다른 계획을 위한 복안이라거나 신의 영광을 보이기 위해서라고 말한다. 그러나 만약 이러한 현상이 신의 뜻이라면 특정인에게만 불행의 배역을 맡기는 신은 너무 불공정하고 잔인하다. 아무리 신이라고 하더라도 모든 것을 자의로 해서는 안 되며 특정인에게만 악역을 전담시켜서도 안 된다. 만약 감독이 있어 그대에게 항상 비천한 역만 하라고 하면 그대는 과연 승복할 것인가?
 따라서 이처럼 모든 것을 자기 마음대로 하는 그런 자의적인 신은 없다. 완전한 신은 완전한 세상과 완전한 이치를 지어 놓고 그에 따라 세상을 꾸려 가고 있는 것이다. 신은 완전한 세상 속에서 원인과 결과의 법칙을 통해 지은 대로 받게 함으로써 자신의 완전함을 나타내고 있다. 따라서 신도 자신이 만든 완전한 뜻을 거스를 수 없다. 만약 신이 자신이 지어 놓은 완전한 뜻을 스스로 어긴다면 그런 불완전한 신은 존재할 필요가 없으며, 그런 신이 만든 불완전한 세상은 곧 붕괴되고 만다.

따라서 이 세상의 일에 신이 개입하는 경우는 없다. 신은 완전한 법계와 무한한 가능성을 지닌 인간을 만들어 놓고 인간이 지은 대로 받게 하고 있는 것이다. 따라서 세상의 주인은 인간이며 인간이 자기 운명을 결정하고 있다.

이러한 완전한 법칙이 있기에 바른 이치에 따라 끝없이 공덕을 쌓은 이는 결실을 맺어 인간완성에 이르게 되고, 그릇된 길을 간자는 고통 속에서 소멸하는 완전한 생명 질서가 드리워져 있는 것이다.

그런데 그러한 완전한 질서가 세상에 존재하고 있는데 선한 자가 불행해지고 각종 대형 사고로 수많은 사람이 피해를 당하는 현상을 보고 그대는 도저히 그런 일을 이해할 수 없다고 항의할 것이다. 그러나 이러한 일들이 인과의 이치에서 벗어나는 것 같아도 자세히 보면 한치의 어김도 없다는 것을 알 수 있다.

말세가 다가오는 어두운 세상에는 그동안 인간들이 지어 놓은 나쁜 원인이 가득 차 있기에 누구나 인연만 닿으면 불행을 당하게 되어 있다. 이것을 공업이라 하는데 불의의 사고를 당하는 것은 작게 보면 자신의 잘못이 아니지만, 크게 보면 나쁜 원인 가까이 머물게 된 자신의 책임이 있으므로 전혀 원인이 없다고는 할 수는 없다.

말세가 다가오는 어두운 세상에는 그동안 인간들이 지어 놓은 나쁜 원인이 가득 차 있기에 누구나 인연만 닿으면 불행을 당하게 될 상황에 처해 있다.

따라서 이러한 경우는 자기의 업이라 하지 않고 인연이 닿았다고 말한다. 그러므로 어두운 세상에서 불행한 일을 당하지 않기 위해서는 사전에 어둠을 피해가는 조심성과 지혜가 필요하다.

얼마 전 인도네시아에 폭탄테러가 발생했다. 그 당시는 미국 무역센터가 알 카에다의 비행기 충돌 테러로 붕괴된 뒤라 전 세계적으로 대테러 비상경계령이 내려져 이슬람권은 매우 위험한 상황이었다. 그럼에도 불구하고 경솔한 이들은 쾌락의 유혹을 이기지 못하고 꾸역꾸역 해외로 놀러나가 사고를 당한 것이다. 위험이 절박한 상황에서 그 속으로 들어간다는 것은 섶을 지고 불로 뛰어드는 것과 같이 어리석은 짓이다. 세상에는 그보다 안전하고 아름다운 명승지는 얼마든지 있다. 지혜로운 자는 어두운 밤길을 걷지 않으며 위험이 도사리고 있는 곳을 여행하지 않는다.

그러나 내가 지은 업에 의한 것이든 공업에 연관돼 받은 인연이든 이미 나에게 다가온 인연은 나의 삶의 일부이기에 결코 부정해서는 안 된다. 나쁜 인연은 조심스러운 자세로 피해야 하지만, 다가온 악연(교통사고, 시련, 기형아)은 이미 나의 것이 되었으니, 나를 갈고 닦는 거름으로 삼아야 한다. 이미 나에게 다가온 불행은 결코 저절로 사라지는 법이 없으므로 적극적으로 대처하는 것이 현명하다. 세상의 일은 모두 인과의 법칙에 의해 나타난다. 따라서 모든 문제에는 그에 해당하는 원인이 있으니, 그 원인을 밝히고 이를 극복할 새 원인을 지으면 문제는 저절로 해결되는 것이다.

사람이 산다는 것은 움직이고 원인을 짓는 것에 의미가 있다. 따라서 주어진 현실에 적극적으로 부딪히며 살아가는 것에 인생의 아름다움이 있다. 시련과 장애는 부정적으로 보면 자신에게만 주어진 저주로 생각되겠지만, 긍정적으로 보면 인간을 완성시키기 위한 축복과도 같다. 왜냐하면 인간은 시련을 통해서 성장하기 때문이다. 하늘은 나무토막처럼 말없이 존재하는 것이 아니라 세상 속에 인간을 축복하는 오묘한 뜻과 이치를 심어 놓고 완전하게 살피고 있다. 그래서 의로운 이는 반드시 삶 속에서 의미를 찾게 하고 끝없이 진리를 지켜온 사람에게는 반드시 인간완성에 이르게 한다.

하늘은 큰 인물을 내기 위해서는 반드시 큰 시련을 준다. 온실 속에서는 큰 거목이 자라날 수 없듯이 거친 비바람을 이겨내야만 세상을 받칠 큰 기둥이 되는 것이다. 깨달음은 오탁악세가 되어야 나타날 수 있다는 말도 바로 이러한 시련 속에 인간완성의 길이 존재하고 있음을 말하고 있는 것이다. 즉 인간완성의 경지인 해탈은 악이란 악은 모두 모인 시련의 시기를 이겨내야만 마음이 완성될 수 있음을 의미하고 있다. 우리도 말로 표현할 수 없는 엄청난 시련을 이겨내고 완성에 이른 성자들을 본받아 작은 시련에 굴하지 말고, 자신에게 다가온 시련과 장애를 성장의 계기로 삼아야 할 것이다.

사랑하는 법

 세상 사람들은 대부분 정과 욕망으로 살아간다. 상대를 내 것으로 소유하기 바라고 자기에게만 잘해주기 바라며 세상의 부귀와 영화를 누리기를 바란다. 그 과정에서 뜻대로 되지 않으면 서로에 대한 원망과 미련이 싹트고 갈등과 불행이 생겨난다. 내 것, 내 자식, 내 부모, 내 사람이란 소유의식과 의존심리 속에서 사랑이 미움으로 변하고 상대에 대한 강한 집착이 나와 상대를 모두 망치기도 한다. 그 이유는 진정한 사랑이 무엇인지 알지 못한 채 상대에게 잘못된 사랑을 요구하고 전하기 때문이다.
 올바른 사랑이 있는 사회에는 밝고 건강한 삶이 있다. 따라서 지금 우리 사회가 어둡고 불행한 것은 우리 사회 속에 올바른 사랑이 없다는 증거이다.
 우리는 지금 정과 사랑을 혼동하고 있다. 정이란 자신의 행동 속에 옳고 그름과 바른 이치가 있는지 따져 보지 않고 무조건 상대에게 집착하는 것이다. 이러한 집착이 강해지면 마음이 어두워지고 사리를 어기게 되어 결국 자신과 상대를 모두 망치게 된다.

현재 한국 부모들은 세계에서 가장 높은 교육열로 유명하다. 그래서 자신의 모든 것을 투자해 자식을 공부시키지만 세상을 위해 살아가는 사람은 많이 나타나지 않으며 오히려 탐욕스럽고 이기적인 인간만 양산되고 있다. 우리나라가 가장 무질서하고 부패한 나라로 평가받고 있는 것도 바로 이와 같이 잘못된 사랑이 잘못된 인간을 낳았기 때문이다.

아이를 교육할 때는 성실하고 정직하며 이치를 알고 세상을 사랑할 줄 아는 주체적 인간으로 키워야 한다. 그것은 내 아이뿐만 아니라 모든 아이들에게 필요한 덕목이기에 내 자식이라고 특별히 집착할 필요는 없다. 내 곁에 있는 자식은 올바른 교훈을 더 많이 전해줄 수 있어 좋은 것이지, 내 아이니까 무조건 도와주고 응석을 받아주기 위해서가 아닌 것이다. 그럴 경우 내 아이는 올바름에서 멀어져 게을러지고 의존심리가 커져 오히려 아이를 망치게 된다. 그러므로 무조건적으로 행하는 정과 바른 이치로 축복하는 사랑은 구별되어야 한다.

진정한 사랑은 상대에게 자기 자신의 영혼을 스스로 키울 수 있도록 주체적 정신과 능력을 가지도록 축복하는 데 있다. 인간이 세상에 태어난 이유는 자신이 지니고 나온 영혼을 성장시켜 더 나은 자기를 얻고자 함이다. 그런데 고귀한 인간으로 태어난 자신의 영혼을 남에게 의지하여 허약하게 만들고 자신이 지니고 나온 밑천마저 까먹는다면 그보다 더 비참한 인생은 없다. 그러므로 무조건 상대를 도와주어 주체성을 약화시키고 영혼을 허약하게 만드는 것은 올바른 사랑이 아니다.

사랑에는 길이 있다. 무조건 돕는다고 상대에게 도움이 되지 않는다.
사랑은 상대에게 필요한 것을 주는 것이다.

우리는 그러한 잘못된 사랑의 예를 불우이웃돕기에서 볼 수 있다. 지금 우리 주변에는 장애인과 불우소년소녀 가장을 돕는다고 그들의 독립성을 저해하고 의존심리만 부추기는 구호체제와 복지시설을 많이 볼 수 있다.

불우아동들에게 사회적 주체로서 건강한 삶을 지을 수 있는 능력은 주지 않고 무조건 물질만 지원한다면, 그것은 아이들의 삶에 큰 도움이 되지 못하며 오히려 그 영혼을 망치게 된다. 소년범죄의 많은 부분이 불우 소년소녀 가장 출신에 의해 저질러지고 있다는 소식은 우리에게 잘못된 사랑에 대해 시사하는 바가 크다. 그 아이들은 모든 것이 저절로 주어지니 고생해서 수확해야 한다는 이치를 모르고 고통을 참을 줄 몰라 남의 것에 쉽게 손대는 것이다. 그러므로 사람을 도울 때는 성실한 자기 노력이 필요하다는 것과 은혜는 반드시 갚아야 한다는 양심 또한 가르쳐야 한다.

그리고 인생을 자포자기하여 거지로 살겠다고 나선 자에게 동정심으로 적선하는 경우를 생각해 보자. 그들은 삶의 의미를 포기한 상태이므로 돈이 생기면 그저 술 마시고 라면 사먹는 데 다 써버린다. 이럴 경우 적선은 거지 노릇을 연장시키는 결과만 초래하므로 올바른 사랑이 되지 못한다.

상대를 진정으로 안타까워한다면, 단순한 적선이 아닌 인간으로 태어난 보람과 가치를 일깨워주고 자주적인 생활을 영위할 수 있도록 생활 능력을 가르쳐야 한다. 더 나아가 자신의 영혼을 스스로 키울 수 있는 바른 이치까지 일러준다면 그보다 더 큰 사랑은 없다.

사람이 산다는 것은 동물과 같이 단순한 생존을 유지하는 것이 목적이 아니라 삶을 통해 자신의 영혼을 완성시키는 데 있다. 따라서 남이 대신 살아주는 삶은 자기의 영혼을 성장시키는 데 별 도움이 되지 않는다. 따라서 상대의 주체성을 무시하고 무조건 돕거나 정에 집착하는 것은 오히려 상대를 망치게 될 가능성이 높다.

이처럼 여러 가지 불확실한 상황에서 올바른 사랑을 하기 위해서는 사랑의 진정한 의미에 대해 알아야 한다. 사랑의 정의에 대해 기독교에서는 고린도전서 13장의 사랑에 관한 설명을 든다. '사랑은 오래 참고, 온유하며 투기하지 않고 교만하지 않고 이익을 구하지 않고 성내지 않고 악과 불의를 멀리한다'고 한다. 또 어떤 사람들은 '사랑은 무조건 주는 것'이라 하며, 신중한 사람들은 '한마디로 정의 내릴 수 없는 것'이라고 한다.

오늘날 세상은 이처럼 사랑에 대해 명확히 알지 못하기 때문에 올바르게 사랑할 줄 모른다. 제대로 알지 못하는 일은 제대로 행할 수도 없는 것이 세상의 이치이다.

진정한 사랑은 상대가 주체적인 삶을 살아갈 수 있도록 영혼을 성장시켜 주는 것이어야 한다. 의욕만 앞서 무조건 상대를 도왔는데 그것이 상대에게 도움이 안 되거나 결과적으로 세상에 해를 끼쳤다면 그것은 올바른 사랑을 한 것이 아니라 악덕을 저지른 것이다. 우리는 그러한 사례를 불교의 소쩍새 마을과 천주교 꽃동네 후원금 횡령 사건에서 목격한 바가 있다.

사랑에는 길이 있다. 무조건 돕는다고 상대에게 도움이 되지 않는다. 사랑은 상대에게 필요한 것을 주는 것이다. 재물이 부족한 자에게는 열심히 노력해 부자가 되는 길을 가르쳐야 하며, 외로운 이에게는 이웃을 구하는 사랑과 신의를 가르쳐야 한다. 반성할 줄 모르고 악을 저지르는 자에게는 악습을 억제하고 양심을 회복할 수 있도록 세상의 분노와 벌을 보여주어야 한다. 그래야만 상대와 세상을 모두 축복하는 좋은 결과가 나타날 수 있다.

이러한 다양한 현실을 무시하고 진리가 제일 중요하다고 모든 이에게 추상적인 진리만 강조하는 것은 세상에 별 도움이 되지 못한다. 이것은 밥을 먹으면 힘쓴다고 시계에게 쌀밥을 먹이는 것과 같다.

그래서 세상에서 가장 어리석고 위험한 것이 현실을 모르는 이상주의자의 순진한 주장이다. 참다운 사랑은 주어진 상황에서 가장 적합한 방법으로 상대를 축복하여 좋은 결과를 가져온다.

그러므로 올바른 사랑을 실천하기 위해서는 세상을 정확히 보는 진실한 시각이 필요하다. 우주의 실상과 진리에 눈을 뜨지 않고서는 세상을 바로 볼 수 없으며 세상을 올바르게 축복할 수 없다. 여기에 사랑과 진리의 관련성이 나타난다. 사랑으로 인해 인간은 완성될 수 있으며 진리를 아는 자만이 진정한 사랑을 할 수 있게 되는 것이다.

혼전 성관계에 대하여

생명의 본능에 따라 짝을 찾아야 하는 청춘기에는 성에 대한 관심이 급속히 커진다. 기존 도덕관념에 의하면 성이란 인간의 동물적인 측면에 해당하는 것으로 언급하는 것조차 금기시되었다. 그래서 청소년들은 인간의 의미와 동물적 본능 사이에 많은 갈등을 일으키고 있다. 이와 관련하여 요즘 젊은이들은 자위나 혼전 성관계, 동거, 매매춘 등에도 큰 관심을 표하고 있다.

성은 좋은 것이라거나 나쁜 것이라고 일률적으로 말할 수 없다. 우리는 전통적 관념과 종교적 교리 때문에 성 자체를 죄악시하는 경향이 있는데, 이것은 세상을 볼 줄 모르는 자들이 관념에 빠져 흑백논리로 보기 때문에 생긴 현상이다.

성욕은 생명 활동에 기본적이고 필수적인 요소이다. 인간사회도 생명의 흐름 속에 이루어지는 만큼 성을 매개로 인연이 시작되고 사회가 유지된다. 따라서 성은 매우 중요하며 남을 해치지 않고 즐기는 한 죄가 되지 않는다. 혼전 성관계도 자기 책임 아래 남을 해치지 않고 이루어진다면 무방하다. 모든 사회행위는 주체성을 지닌 자유인이 자기 책임하에 행하는 것이며 국가가 개인의 사생활까지 관여해서는 안 된다.

국가가 해야 할 일은 개인이 최대한 역량을 발휘할 수 있도록 도와주고 그에 따른 문제를 제거해주는 것이어야 하지, 직접 나서서 개인의 삶과 자율성까지 침해해서는 안 된다. 그러면 국가의 주체인 개인의 힘이 약해져 결국 국가가 쇠약해지고 만다. 따라서 국가권력이 모든 세상의 일을 책임진다는 식으로 해서 개인의 도덕적 판단에까지 개입해서는 안 되는 것이다.

따라서 매춘 문제도 국가가 개인의 자율적 의사에 의한 성매매까지 강제로 규제해서는 안 된다. 모든 사람은 자기의 몸을 자기 마음대로 할 권리가 있기 때문이다. 다만 그것이 사회적으로 부당한 경우, 즉 남에게 해를 끼친다거나 부녀자를 약탈하고 인신매매한 경우에만 막고 보호하면 되는 것이다.

스스로 창녀란 직업을 택하여 쉽게 돈을 벌려고 하다가 불행한 인생을 사는 것은 자기의 업이며 결국 스스로 책임져야 할 개인 문제이다. 따라서 주체성을 가지고 살아가는 인간이 자기 책임하에 행동하는 것을 가지고 국가가 강제로 관여하거나 제한해서는 안 된다. 다만 인간의 길이 무엇인지, 자신이 행한 삶의 결과가 무엇인지에 대해 충고는 가능한 것이다.

그러나 성이 생명과 사회의 근본이기는 하지만 동물적인 속성에 해당하는 것으로 그것이 인간의 전부는 아니다. 인간은 동물로 태어났지만, 점차 여기에서 벗어나 완성에 이르도록 되어 있는 고귀한 가능성을 가진 존재이기 때문이다.

진리의 빛이 사라져 버린 현대사회에서는 인간의 삶이 소유와 쾌락을 즐기는 데 있다고 생각하기 쉽다. 그러나 인간은 단순히 생존하고 즐기기 위해 살아가는 게 아니며 하늘의 자식으로 신성을 지니고 태어나 좋은 뜻과 선업을 쌓아 완성에 이르려고 살아가고 있는 것이다.

겉으로는 다 똑같아 보이지만 세상에는 여러 종류의 사람이 있다. 동물적 충동에 이끌려 사는 사람, 권력과 재물과 명예를 쫓는 사람, 세상을 축복하기 위해 살아가는 신성한 사람에까지 천차만별이다. 사람이 이렇게 차이가 나는 것은 각자가 자신을 어떻게 만들어 왔느냐에 의해 결정된다. 동물적 충동에 따라 살아온 이는 맑은 정신과 바른 이치를 지키기 어려운 까닭에 결국 동물과 같은 충동적이고 탐욕적인 삶을 살게 되며, 진리를 찾아 바르게 살아온 이는 바른 이치와 선행으로 세상을 축복하는 삶을 삶으로써 자신을 완성시켜 나가는 것이다. 따라서 우리는 동물적 차원인 성을 지나치게 탐닉해 바른 삶의 길을 잃어버리고 자신을 망치는 행동을 해서는 안 된다.

생명의 근본 동력인 성 충동은 일시에 해결할 수는 없다. 인간은 동물로 태어났기 때문에 육체적 성장이 집중되는 청년기에는 생물적 특성에 몰두하는 경향이 있다. 그러나 점차 바른 이치를 배우고 세상을 위해 일하는 과정에서 성과 생활을 조화시키다 보면 마침내 정신이 몸의 속박에서 벗어나 자유를 얻게 된다. 그러므로 성 충동이 과할 때는 그것이 자신을 망칠 수 있다는 생각을 가지고 좋은 뜻과 진리를 찾고자 노력해야 한다. 열심히 세상을 위해 일하다 보면 어느새 다른 차원으로 변해 있는 자신을 발견할 수 있게 된다.

그리고 요즘 동성애가 사회적으로 큰 문제가 되고 있다. 세상의 바른 이치는 남녀 간에 서로 사랑하는 것이다. 이것이 자연의 이치이며 우주의 약속이다. 이것은 태초부터 우주 속에 내재된 것으로 우주 속을 살아가는 생명체로서 자연의 이치를 벗어나 살게 되면 결국 세상의 흐름과 맞지 않게 되어 갈등과 한계 속에 불행해진다.

따라서 남녀 간에 서로 사랑하도록 되어 있는 우주의 질서를 벗어나 동성 간에 사랑하는 것은 자연의 질서와 하늘의 뜻에 어긋나는 일이니 결국 자연의 흐름에서 벗어난 부조화로 고통받고 불행해지는 운명을 지니게 된다.

바른 이치를 배우고 세상을 위해 일하면서 성과 생활을 조화시키다 보면
마침내 정신이 몸의 속박에서 벗어나는 자유를 얻게 된다.

부부의 인연

결혼을 앞둔 젊은이들은 자신의 반려자와의 인연에 관심이 많다. 짚신도 짝이 있다는 말이 있듯이 이미 정해진 부부의 인연이 있는 것처럼 말이 전해지는가 하면, 요즘 풍속도는 결혼이 선택이라고까지 말하고 있다. 결혼이라는 제도가 위기에 처한 시점에서 과연 부부가 무엇인지, 부부로 맺어진다는 것이 선택인지 아니면 운명인지에 대해 생각해보는 것도 의미가 있는 일이다.

인간은 동물이니만큼 인간의 삶을 구성하는 근본은 애욕이다. 애욕에 의해 남녀가 만나 아이를 낳고 기르면서 인간세계가 이루어진다. 그러나 인간의 삶은 이러한 육체적 생활에 한정되지 않는다. 인간은 동물로 태어나 신에 이르는 여정을 걸어가는 중간자이기 때문이다. 그래서 세상에는 동물과 같이 생존과 쾌락만을 위해 살아가는 사람이 있는가 하면, 진리와 세상을 위해 자신을 바치는 사람도 있다.

부부간의 사랑도 진리와 인간완성으로 승화될 수 있으면 좋겠지만 일상적인 부부의 모습은 살림 잘하고 서로 위해주며 아이를 잘 키우는 육체적 인연에 머물러 있다. 따라서 이상적인 부부란 처음에는 육체적 인연으로 시작하지만, 종국에는 정신적 완성으로 나아가는 것이 바람직하다.

그렇다면 전생에서부터 정해진 부부의 인연은 과연 있는 것인가? 인간에게 있어서 부모, 자식, 형제자매는 태어남과 동시에 맺어지는 육체적인 인연이지만, 부부간의 인연은 다른 삶의 과정과 마찬가지로 자신이 만들어 가는 것이다. 따라서 어떻게 만들어 나갈 것인지는 자신이 선택해야 한다.

그리고 사람은 이 세상에 태어날 때 과거의 모든 기억은 지우고 온다. 그래서 전생의 기억을 가진 사람은 아무도 없는 것이다. 따라서 전생의 인연으로 부부가 다시 만났다는 것은 아무도 알 수가 없다. 다만 비슷한 것을 좋아하고 기질과 성품이 비슷한 것은 전생에 비슷한 경험을 했다고 유추할 수 있을 뿐이다. 그러므로 전생의 인연이 다시 살아나기를 바랄 게 아니라 자신의 좋은 자질과 성품을 적극 발휘해 좋은 인연을 만나기를 바라야 하는 것이다.

인생이란 과거로부터 주어진 인연의 거미줄 끝에서 자신의 의지로 새로운 거미집을 만들어 가는 과정이다. 즉 인간은 과거의 영향에서 벗어날 수 없지만, 운명의 주체로서 이를 수정하고 발전시킬 수 있는 것이다. 부부간의 인연도 이와 같아서 자신이 만들어나가야 한다. 세상의 모든 일은 원인이 있어야 결과가 생기듯이 좋은 사람을 만나기 위해서도 적극적인 자세로 새로운 원인을 지어야 하는 것이다.

성적 매력과 사회적 능력을 배양하고 맑은 정신과 높은 이상을 가지는 것은 요즘 젊은이가 가꾸어야 할 필수요소이다. 상대가 원하는 것을 제시할 수 있을 때 인연은 시작되는 것이다. 따라서 상대가 바라는 것을 제시할 수 없는 사람은 자신이 원하는 상대와 함께할 꿈을 꾸지 말아야 한다. 서로 인연이 닿지 않기 때문이다.

세상에는 수많은 부류의 사람이 있기 때문에 서로의 기질과 성격과 취향이 다르며 남녀 간에 원하는 것도 다 다르다. 어떤 사람은 물질적 풍요와 쾌락을 원하고 어떤 사람은 출세와 권력을 원하며 어떤 사람은 봉사와 보람을 원한다.

이러한 다양한 부류의 사람끼리 인연이 닿으려면 상대가 원하는 것을 제시할 수 있어야 한다. 그러므로 결혼을 앞둔 사람은 자신이 바라는 이성이 있으면 망설이지 말고 적극 다가서서 자신의 장점과 능력을 보여주고 인연이 맞는지를 타진해보아야 한다. 열심히 노력해서 서로 호감이 있으면 인연이 닿겠지만, 아무리 자신의 장점과 능력을 보여주어도 이를 외면한다면 서로의 품성과 취향이 다른 것이니 인연이 아니라고 헤어지는 것이 좋다. 시도하지도 않은 인연이 생기기를 바라는 것처럼 어리석은 일도 없지만, 맞지 않는 인연을 억지로 이으려 하는 것처럼 바보스런 짓도 없다. 이 세상에는 자신과 어울리는 좋은 인연이 사람 수만큼이나 많이 있는 것이니 한 사람에게 너무 깊이 집착하여 애욕의 그물에 빠지는 것은 바람직하지 않다.

그리고 요즘 젊은이들은 배우자를 선택하는데 외형적인 미를 제일로 여기고 있는데, 인생을 행복하게 만드는 데 있어서 아름다움은 중요한 요소가 아니며 인생의 행복을 좌우하는 것은 결국 그 사람의 마음과 자질이다. 같은 값이면 아름다우면 좋겠지만, 인생이 완성을 위해 나아가는 길이라면 진실을 좋아하고 강한 용기와 밝은 성품을 갖춘 사람을 우선적으로 선택하는 지혜가 필요하다.

요즘은 혼자 사는 사람도 많고 결혼해도 쉬이 헤어진다. 그래서 결혼이 반드시 필요 불가결한 제도인가에 대해 의문이 많다. 이와 관련하여 성자들이 가정을 버린 것은 비사회적이고 비인간적인 것이 아닌가 하는 질문도 있다.

이런 질문을 하는 사람들은 모든 사람이 가정을 갖지 않고 아이를 낳지 않으면 사회질서는 혼란스러워질 것이며 인류는 단절되고 말 것이라는 주장을 한다. 그러나 이러한 가정은 추상적 사변에 불과하다. 모든 남녀가 결혼하지 않고 혼자 살아가는 일은 이 세상이 존재하는 한 생겨나지 않는 비현실적인 일이기 때문이다. 진실을 논하는 곳에서는 없는 문제를 억지로 만들어 추상적 논쟁을 하지 않는다. 진실을 다루는 곳에서는 사실로 존재하는 일이 어떤 연유로 생겼는지, 문제가 무엇이며, 어떻게 해결해야 하는지를 다루기 때문이다.

하늘이 만들어 놓은 음양의 법칙은 너무나 강해 대부분의 경우 남녀가 결합하여 살아가기 때문에 이 세상에 대가 끊어질 염려를 할 필요는 없다. 결국 혼자 살아도 되느냐 하는 문제는 그런 추상적인 문제가 아니라 개인이 더 큰 목적을 위하여 혼자 살 수 있느냐 하는 개인적인 선택 문제인 것이다.

인간이 살아가는 데 있어서 남녀 간의 결합은 기본적인 사항이지만, 인간의 삶은 육체적 인연에 한정되는 것이 아니라 본질적으로 자아 완성과 세상에 보람있는 일을 하는 데 있다.

결혼제도가 위기에 처해 있는 시점에서 과연 부부란 무엇인가?
부부로 맺어진다는 것은 선택인가 운명인가?

따라서 진리와 세상을 위해 자신을 바치고자 혼자 살아간다면, 그것은 비난할 일이 아니라 격려해야 하는 것이다.

그렇다면 결혼과 구도의 삶은 병행될 수 있는가? 한마디로 말해 가능하다. 왜냐하면 다른 수도 과정과 마찬가지로 결혼도 삶의 중요한 과정으로 결혼생활을 통해서도 많은 삶을 경험하고 자신을 닦아 나갈 수 있기 때문이다. 석가나 노자, 소크라테스와 같은 성자들도 모두 결혼한 적이 있는데, 결혼생활을 통하여 중생의 고뇌를 느끼고 인생의 덧없음을 체득했으며 다른 사람과 세상에 대한 사랑을 길렀던 것이다.

선이나 기와 같은 동양의 수련법에는 부부생활을 하면 도를 이룰 수 없다는 주장이 있다. 그러나 수행의 본질이 기의 축적에 있는 것이 아니라 마음의 정화에 있다는 것을 안다면, 결혼해서 실제의 삶을 체험하는 것도 매우 중요한 수행과정이라 할 수 있다. 따라서 결혼은 사람으로 태어나 경험해볼 만한 가치가 있는 사회적 과정이라 할 것이다.

장애에 대하여

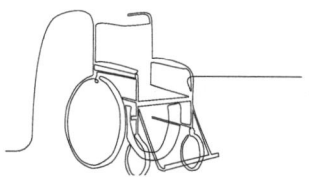

태어나면서부터 장애를 지닌 사람이 있는가 하면, 어떤 사람은 좋은 환경에서 좋은 머리를 지니고 태어난다. 이런 일을 볼 때마다 하늘은 참 불공평하다는 생각이 들며, 과연 이러한 일이 자신의 업에 의한 것인지 아니면 다른 원인에 의한 것인지 궁금하지 않을 수 없다.

더구나 이런 장애인을 지닌 가족은 평생의 짐이 되어 숙명으로 체념하고 산다. 과연 장애에 대한 부모의 책임은 어떻게 되며 장애인의 영혼은 어떤 상태일까?

장애를 보는 시각은 크게 두 가지로 나눌 수 있다. 하나는 불교적 입장으로 개인의 업보라는 시각이며 또 하나는 기독교적 입장으로 하나님의 뜻을 실현하기 위한 역사라고 보는 시각이다.

세상의 모든 일은 기본적으로 원인이 있어 나타난다. 따라서 장애 또한 그것이 선천적이든 후천적이든 간에 원인이 있어 나타난 것이다. 이러한 원인에는 개인이 지은 업과 사회 전체가 지은 공업(業)이 있다. 어떤 일이 개인이 지은 원인에 의한 것이라면, 업보 때문이라 하고, 사회 전체가 지은 공업 때문이라면 불행과 인연이 닿았다고 한다. 왜냐하면 삶이란 생명의 주체가 새로운 인연을 지으며 자신을 변화시키는 과정으로 삶의 결과가 업에 의해서만 나타나는 것이 아니라 새로운 인연에 의해서도 나타나기 때문이다.

그런데 오늘날처럼 인간이 대대로 저질러 놓은 악과 불행이 가득한 세상에서는 불행과 인연을 맺을 가능성이 매우 높기 때문에 많은 개인이 받는 불행이 공업으로 인해 나타나고 있다.

그동안 인류는 쾌락과 소유가 삶의 목적이라고 하는 잘못된 가치관에 빠져 발전이란 명목으로 자연을 파괴하고 수많은 유해 요소와 위험물(불량식품, 공해, 자동차 등)을 양산해 놓았다. 그래서 현대인들은 각종 위험과 장애에 전면적으로 노출되어 있어서 조금만 잘못해도 불행과 인연이 닿아 장애를 당하기 십상이다. 따라서 교통사고를 당하거나 장애아를 출산한 경우, 그것은 개인의 업이라기보다는 공업에 의해 불행과 인연이 닿았다고 하는 편이 정확한 것이며, 이러한 사유로 오늘날 장애는 개인의 책임보다는 사회의 책임이 크다.

그러므로 이로 인해 나타난 개인의 불행에 대해 사회 전체가 책임을 져야 하는 것이며, 제도를 운영하고 국민의 복지를 담당한 국가 또한 그에 상응한 책임을 져야 한다. 여기에 복지 정책을 실시해야 하는 국가의 책임 근거가 생겨난다.

따라서 장애가 생겼을 경우 기본적으로는 인연이 있는 가족의 책임이라 할 것이나 이차적으로 국가가 책임을 지고 장애인 가족이 인간다운 생활을 누릴 수 있도록 해주어야 하는 것이다.

그런데 기독교에서는 장애를 하나님의 뜻을 실현하기 위한 큰 뜻으로 개인에게 마련한 역사라고 주장하는데, 이와 같이 하느님이 한 인간을 고통의 시험에 들게 하고 나중에 다시 은혜를 베풀어 신의 사랑을 증명한다는 것은 참으로 잔인한 장난이다. 이러한 논리는 하느님의 선한 의지와 사랑을 생각해 볼 때 있을 수 없는 일이다.

모든 살아있는 생명은 스스로 자신의 운명을 선택하는 창조적 주체이다. 이러한 장엄한 생명의 역사는 조물주라고 해도 관여할 수 없다. 신이 스스로 자신을 결정하는 능동적 주체이듯이 신의 자식인 인간 또한 살아 움직이는 생명의 주체로서 스스로 결정하고 판단하여 자신의 운명을 만들어 가는 것이다. 따라서 인간의 운명 또한 과거의 원인에 의해 나타나는 것이지, 신의 자의나 짜여진 극본에 의해 나타나는 것은 아니다.

이러한 이치를 생각해 볼 때 우리는 다음과 같이 결론 내릴 수 있다. 장애는 개인의 업에서만 오는 것이 아니라 불행과 악의 씨가 많이 뿌려진 어두운 사회일수록 공업에 의해 많이 나타나게 된다. 그 이유는 삶이란 항상 새로운 인연을 맺으며 변화하는 과정으로서 불행의 원인이 가득한 현실에서 사는 것은 그만큼 불행과 인연이 닿을 가능성이 크기 때문이다. 따라서 오늘날 장애는 누구나 만날 수 있는 공통의 불행으로 인식해야 하고 그로 인해 닥친 개인의 장애에 대해서는 우리 모두가 책임을 지는 자세를 가져야 하는 것이다.

사람은 누구나 흠을 가지고 살고 있다. 장애는 인간의 많은 흠중 하나로 육체와 경제적인 면에 국한된 것이다. 이 세상에는 육체적 장애보다 심한 시련이 많다. 인류 역사상 빛이 된 수많은 성인들과 위인들의 경우 이보다 더 큰 시련을 극복하고 세상의 사표가 된 것이다.

따라서 세상과 인류와 진리를 위해 자신을 바친 선인들의 시련과 고통을 생각해 볼 때 육체적인 장애와 시련은 너무 작은 것이니 이에 좌절하여 너무 쉽게 자신을 포기하거나 절망해서는 안 된다. 생명의 이치상 인간으로 태어난 이유는 육체적으로 호의호식하기 위해서가 아니라 세상을 축복하여 자신을 완성시키는 데 있다. 따라서 불행과 인연이 닿았을 때는 자신보다 더 큰 고통과 시련 속에서도 빛이 된 수많은 선현을 본받아 불행을 이겨내고 더 나은 자신을 만드는 계기로 삼아야 한다.

사람의 인생은 인연이 모여 이루어지기 때문에 주어진 인연은 아무리 작아도 자신의 삶이므로 외면해서는 안 된다. 좋은 인연이라면 더 좋게 발전시켜야 할 것이며, 나쁜 인연이면 이를 극복하여 발전의 거름으로 삼아야 한다. 시련을 극복하면 할수록 인간은 더욱 완전해지며 더 좋은 세상이 오기에 세상은 살만한 가치가 있는 것이다.

그러므로 장애를 극복하고 장애인을 돌보는 과정에서도 더 큰 인생을 살 수 있으며 희생적인 노력을 통해 자신을 닦고 그 공덕과 밝음으로 완성에 이를 수도 있다. 성자들이 최악의 상황에서 깨달음을 얻을 수 있었던 것은 어둠 속에서도 마음의 빛을 버리지 않고 어려움을 극복하였기에 그 마음을 정화하고 완성에 이르는 에너지를 얻었던 것이다.

장애 또한 그렇게 해석해야 한다. 장애는 인간을 승화시키기 위한 밑거름이니 장애가 다가왔을 때는 이를 회피할 것이 아니라 자신이 성장시킬 수 있는 계기로 삼아야 한다.

그리고 요즘은 사회적으로 장애인이 도움을 받을 수 있는 많은 여건이 마련되어 있다. 따라서 가정에 장애인이 있을 경우 이를 감출 것이 아니라 삶의 일부분이라 생각하고 사회와 공동으로 해결하도록 해야 하며 정상적인 생활에 참여하여 장애를 성취의 계기로 삼아야 한다.

이러한 장애와 시련 속에 숨어 있는 깊은 뜻을 모르고 오늘날 소위 정상적이라고 하는 사람들은 크게 착각하며 살고 있다. 그들은 자신들이 더 큰 문제 속에 있는지를 모르고 장애인을 불행하다고 생각한다. 그 이유는 자신을 정상적이라고 생각하는 사람들은 대부분 인생의 목표를 세상에서 출세하고 쾌락을 즐기는 것에 두기 때문에 자신과 같은 쾌락과 욕망을 누리지 못하는 장애인에 대해 불행하다고 보기 때문이다.

그러나 인간은 쾌락이 아니라 세상을 축복하기 위해서 태어났으며 자신의 정신을 완성시키기 위해 살아가는 것이다. 일반적으로 보통 사람들은 한평생 쾌락과 소유에 집착하여 살다가 인연이 다하면 한과 집착 속에서 모든 것을 버리고 떠나게 된다. 생명의 이치에서 보면 이러한 삶은 허무하며 자신의 영혼을 위하여 아무런 보탬이 되지 못한다.

더구나 오늘날과 같이 인간의 길이 사라지고 동물적 욕망과 쾌락이 번성한 곳에서는 세상이 요구하는 부귀영화는 누리면 누릴수록 그 영혼이 어두워지고 무거워지게 되어 있다. 왜냐하면 어두운 현실에서 살아남기 위해서는 어둠과 더 많이 타협해야 하고 남보다 더한 권모술수를 써야 하기 때문이다.

건강한 개인이 정상적인 영혼을 가지고 좋은 인연을 만나 세상을 축복하며 올바르게 사는 것이 가장 바람직한 삶이지만, 어둠과 거짓이 만연하는 말세를 살아가는 사람들은 나쁜 인연으로 인해 좋은 영혼의 결실을 이루기가 어렵다.

따라서 진리의 입장에서 보면 말세에는 장애인보다 정상인이 더 불행하다는 아이러니가 나타난다. 어쩌면 오늘날과 같은 말세에는 장애아로 태어나는 것이 오히려 다행인지 모른다. 왜냐하면 장애인은 악연을 접할 기회가 적어 자신의 영혼을 더 이상 망치지 않을 수 있기 때문이다.

장애인이 의식을 사용하지 못하는 식물인간일 경우, 그는 자신의 영혼 속에 그대로 머물러 있게 된다. 그러나 인간으로 태어났다는 것은 이미 인간의 고귀한 영혼을 지니고 있다는 것을 의미하므로 다른 사람과 똑같이 고귀한 인간으로 대접받을 자격과 가치가 있다. 다만 구조상의 장애로 영혼이 제대로 기능하지 못할 뿐이다.

그것은 마치 운전사가 아무리 기술이 좋아도 엔진이 불량이면 자동차가 제대로 굴러가지 못하는 것처럼 인간의 영혼도 아무리 우수하더라도 뇌라는 기계가 불량이면 그 기능을 제대로 발휘하지 못하고 멈춰있는 것이다.

그러나 식물인간이 아닌 장애인의 경우 일반인과 같은 정상적인 사고는 할 수 없으나 인간으로서의 의식작용은 가능한 것이니 그만큼 자신의 영혼을 가꿀 수 있게 된다. 이들의 영혼은 완성으로 향해 돌아가는 거대한 순환고리 중간에서 잠시 장애를 만나 멈춘 상태라 볼 수 있으며 최소한 그 영혼은 보존하여 다음 생에는 더 나은 자기를 보게 된다.

오늘날은 곳곳에 위험이 도사리고 있는 말세이다. 따라서 불행과 인연을 맺지 않도록 주의해야 하며 좋은 삶을 짓기 위해서 매사에 진지하고 성실하게 살아야 한다. 어두운 곳은 미리 조심하고 좋은 인연과 정법을 가까이하여 조금씩 선과 행복에 다가가는 지혜를 발휘해야 한다. 이것이 우리가 진리를 찾고 정법을 행해야 하는 이유이다.

유전자 조작

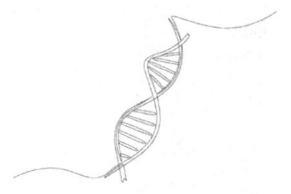

요즘 하늘이 지어놓은 생명체를 변화시키는 유전자 조작의 윤리성이 큰 사회문제가 되고 있다. 이에 관해 기독교계에서는 신의 창조 섭리와 관련하여 신이 창조한 생명체에 대해 피조물인 인간이 조작하는 것을 강력하게 반대하고 있다.

그러나 세상에 존재하는 모든 것은 종교적인 관념으로 볼 것이 아니라 사실적인 이치로 보아야 한다. 원인이 있으면 반드시 결과가 생겨나는 것이 영원한 우주의 법칙이다. 따라서 유전자끼리 만나면 새로운 형질을 띤 새 개체가 생겨나는 것은 너무나 당연한 일이다.

하늘은 여기에 대해 아무런 간섭도 하지 않으며 모든 것을 인간에게 맡겨 둘 뿐이다. 다만 그 결과를 가지고 인간의 행위에 대해 심판하게 된다. 인간이 행한 일이 옳은 것이면 그로 인해 세상은 더욱 번창하고 이로워질 것이며, 그릇된 일이면 세상이 고통스러워지며 망하게 될 것이다. 따라서 모든 일은 인간이 판단해서 행하지만, 그 결과에 대해서는 스스로 책임져야 한다.

하늘은 자신을 닮은 인간에게 우주의 주인으로 창조의 권능을 부여했다.

유전자 조작도 신중히 검토해 그 의도가 선하고 필요한 일이라면 행해야 하고, 악하고 불필요한 일이라면 결코 행해서는 안 된다. 따라서 생명을 구하거나 유전병을 해결하기 위해 엄중한 관리하에 행해지는 유전자 조작은 필요한 일이다.

애초 하늘이 정해놓은 법규 같은 것은 없다. 하늘은 자신을 닮은 인간에게 우주의 주인으로 창조의 권능을 부여했다. 따라서 인간이 유전자 조작을 해서는 안 된다는 아무런 천부적 제약은 없다. 물론 부작용이 염려되지만 이미 존재하는 사실적 현상을 누가 말릴 것인가? 이미 인류는 오직 인류 멸망을 목적으로 한 핵폭탄과 수소폭탄을 이미 제작하여 반인류적인 악을 저지른 상태이다. 또다시 어느 국가에서 비밀리에 불순한 유전자 조작을 하지 않는다고 장담할 것인가?

따라서 유전자 조작은 필요에 의해 할 수 있는 것이며, 불법적인 경우에 제재를 가하고 그것을 행한 자들에게 책임을 물어야 하는 것이지, 그것 자체에 절대적 규범성을 부여하여 제어할 수는 없다.

자살과 안락사

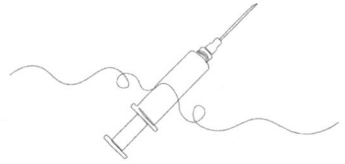

요즘 자살 사이트가 유행처럼 번지고 있다. 단순하게 생각하면 힘든 세상 죽음으로 해결하는 것도 한 방법으로 보일 수 있다. 그러나 우주 속에 생명이 나타난 의미와 인간의 고귀함을 안다면 생명을 함부로 포기하는 것은 매우 어리석은 일이다.

이 세상은 영원히 돌면서 끝없이 이어지고 있다. 삶 또한 끝없이 돌면서 더 나은 자기를 짓고 있기에 한순간이라도 자신을 놓아버릴 수는 없는 것이다. 만약 이생에서 자신을 허약하게 지으면 앞으로 다가올 미래와 후생이 영원히 불행해지기 때문이다.

개똥밭에 굴러도 이승이 낫다는 말이 있다. 이 말은 세상이 우주의 중심이며, 더 나은 자신을 얻을 수 있는 복밭이라는 뜻이다. 천상의 신들조차도 더 나은 자신을 얻기 위해서는 이 세상에 다시 태어나야 한다.

모든 존재는 생생하게 살아 움직이는 현실에서 원인을 지어야만 자신을 성숙시킬 수 있다. 그 이유는 현실만이 실제의 세계요, 그 이외의 세계(유혼계, 천상계)는 결과의 세계이기 때문이다. 유혼과 천상의 세계는 현세의 삶의 결과로 생긴 열매와 같다. 열매와 같은 결과체는 다시 세상에 심어 키워야만 변화가 일어나는 것이지 그 자체로는 씨앗으로 머물 수밖에 없다. 그러므로 자신을 새로 지을 기회를 부여받은 현실에서의 귀한 삶을 한순간이라도 허비해서는 안 된다.

인간은 완성에 이르라는 하늘의 뜻을 받고 이 땅에 태어난 고귀한 하늘의 자식이다. 이러한 생명의 뜻을 모르고 요즘 사람들은 욕망 추구와 쾌락의 탐닉에 삶의 목적을 두고 살아가다 욕망이 좌절되면 삶의 의미를 잃고 너무나 쉽게 자신을 포기한다.

자살의 심각한 문제점은 삶의 진정한 목적을 모른 채 자기 마음대로 인생의 목적을 정하고 그것이 충족되지 않는다고 삶을 비관하여 목숨을 버리는 것이다. 이들은 삶이 얼마나 고귀하고 무한한 가능성이 있는지 모른 채 나의 목숨은 내 맘대로 할 권리가 있다는 어처구니없는 단견으로 자신의 목숨을 쉽게 버린다.

하지만 완전한 우주의 법칙은 인간이 자기 멋대로 하는 일을 방관하지 않고 어김없이 심판한다. 자살은 완전한 신성에 이를 수 있는 고귀한 생명의 가치와 가능성을 모두 포기하는 어리석음과 교만의 극치이다.

자살은 이 세상 속에 영원히 이어갈 자신의 삶의 가능성을 중도에 모두 단절시켜 버리는데 그보다 큰 문제는 죽은 후에 받게 되는 영혼의 업보이다. 삶을 만족스럽게 마친 자의 후생은 평안하고 깨끗하지만, 자살한 자의 경우 약한 의지와 잘못된 삶의 자세가 영혼 속에 계속 남아 불행한 후생을 맞게 된다. 자살로 삶을 마감한 자는 한과 집착 때문에 죽어서도 눈을 감지 못하고 이승을 떠돌며 계속 지옥의 고통을 겪게 된다. 이 땅에서 이룬 것이 하늘에서도 계속 이어지기 때문에 자살한 자는 현실에서 맺힌 한을 저승에 가서도 계속 품고 살게 되는 것이다.

이러한 자살 현상은 인간이 소외되고 진실이 가려진 사회일수록 더 많이 발생한다. 생명의 진실 중 가장 중요한 일은 삶의 의미와 가치를 바로 아는 것이다. 생명의 진실을 알아야 올바른 삶의 길이 정립되는 것이다.

이 세상에 존재하는 모든 생명은 하늘이 만들어 놓은 완전한 세상과 이치 속에서 신성한 하늘의 뜻을 실천하고 있다. 그러므로 육체가 건강하고 움직일 수 있는 때 삶의 의미와 진실을 하나라도 더 깨우쳐 조금이라도 더 나은 자신을 짓기 위해 노력해야 한다. 죽을 힘이 있으면 그 힘으로 죽는 순간까지 노력해야 더 나은 후생과 미래를 기약할 수 있는 것이다.

그러면 어떻게 죽음을 맞아야 할 것인가? 사람의 인생은 더 좋은 자기를 짓기 위해 존재하는 것이다. 따라서 더 이상 좋은 자기를 지을 가능성이 없고, 사는 것이 오히려 자신의 영혼을 망치게 될 때, 즉 식물인간이 되거나 생기가 다해 육신이 말을 듣지 않는 불치병에 걸렸을 때는 목숨을 유지하려고 더 이상 삶에 집착할 필요가 없다.

사람들은 죽음에 대해 커다란 공포를 갖고 있으나 죽음은 우리들이 두려워하는 것과는 달리 그리 고통스러운 과정이 아니다. 작은 신체의 변화이며 꿈과 같은 심리적인 체험에 불과하다.

자살로 삶을 마감한 자는 한과 집착 때문에 죽어서도 눈을 감지 못하고 이승을 떠돌며 계속 지옥의 고통에 헤매게 된다.

그리고 육체를 떠난 영혼은 육체적 고통에서 벗어나므로 더 이상 의식주 걱정을 하지 않아도 된다.

그러므로 이생에서의 인연이 다하여 몸을 더 이상 사용할 수 없게 된 경우에는 생에 대한 집착을 버리면 편안히 육체를 떠날 수 있다. 병으로 고통스러워하며 똥을 벽에 바르며 끈질긴 생명을 이어가는 노인들은 생명에 대한 강한 집착이 그의 목숨을 붙잡고 있기 때문이다.

오랫동안 앓으면서 임종을 맞이한 노인이 눈을 감지 못하다가 객지에 나가 있던 외동아들이 돌아오면 바로 눈을 감는 경우를 우리는 많이 보고 들었다. 이런 일은 바로 마음이 육체를 잡고 있다는 증거이다. 따라서 생명의 인연이 다했을 때 삶에 대한 집착을 버리면 편안히 저승으로 떠날 수 있는 것이다. 나이가 많은 사람이 병든 육신을 붙잡고 기어코 살아남겠다고 발버둥치는 것은 일종의 집착으로 그리 바람직한 일은 아니다. 고통스런 몸을 집착으로 계속 잡고 있으면 그 영혼이 병들고 피폐해지기 때문이다. 삶의 목적이 좋은 영혼을 농사짓는 것에 있다. 죽을 몸에 집착하여 영혼을 망치는 것은 올바른 자세가 아닌 것이다.

요즘 안락사 문제로 사회에 많은 논란이 있다. 과연 인간의 목숨이 하늘이 정해준 귀한 것이라서 인간이 간섭하면 안 되는 절대적인 하늘의 뜻이 있는 것인가? 아니다. 하늘이 인간에게 무조건 살아야 한다는 의무를 부여한 것은 없다. 만약 누가 그렇게 주장한다면 그것은 종교적인 관점에서 인위적으로 설정한 것에 불과하다. 하늘은 인간에게 더 나은 삶을 지으라고 인생을 부여한 것이지, 비인간적인 고통 속에서 자신의 삶을 망치면서까지 의무적으로 생을 유지하라고 강요하지 않는다.

여기에서 안락사의 의미를 생각해 볼 수 있다. 인간은 오래 사는 것이 자랑이 아니며 얼마나 인간답게 살았느냐 하는 것이 중요하다. 따라서 한 생명이 더 이상 생존 가능성이 없고 육체적 고통과 추한 삶으로 영혼이 망가지는 과정 속에 있다면 안락사는 영혼을 보존한다는 차원에서 유용하다. 다만 남용을 고려하여 가족이 동의하고 사회적으로 허용하는 한도 아래 가능할 것이다.

노파심에서 한마디 더 하자면 자살은 안락사와 전혀 다른 의미이다. 자살은 삶의 참된 의미와 목적을 모르고 욕망과 집착이 한이 되어 죽는 것으로 주위 사람에게 비통함을 주고 자신의 영혼까지 망치게 되지만, 안락사는 주위 사람을 모두 편하게 하고 자신의 영혼까지 보존할 수 있다. 이러한 진실을 안다면 삶과 죽음이란 형식에 얽매여 현실의 귀한 생을 허비할 필요가 없는 것이다.

  살아 생전에는 삶을 소중히 여겨 한순간도 나쁜 것에 마음을 팔지 않고 좋은 삶을 짓도록 하고, 죽음 앞에서는 생에 집착하거나 두려워하지 말고 담담하게 맞이하는 것이 인생을 살아가는 올바른 자세이다.

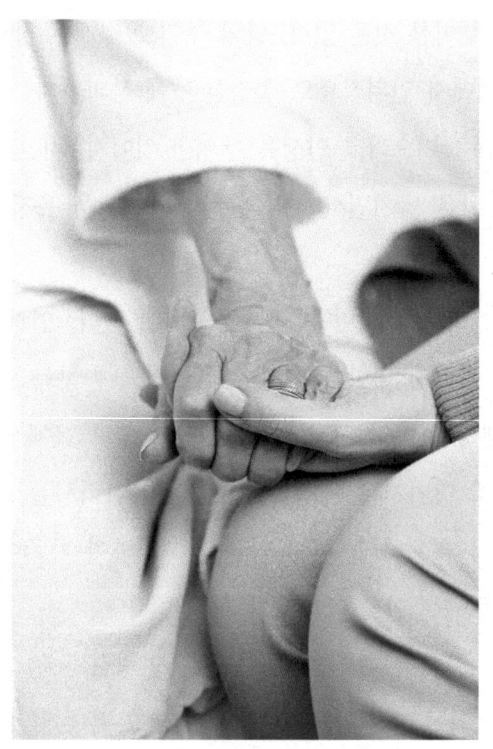

제사의 비밀

계절은 어김없이 바뀌고 또다시 민족 대명절이 다가와 고향을 찾는 후손들의 대이동이 시작된다. 인륜을 중시하는 유교 전통에 의해 우리 민족이 조상을 공경하는 마음은 세계 제일인 듯하다.

명절날 고향으로 밀려가는 인파는 세계에서 유래를 찾을 수 없을 정도이며 봉분을 비롯한 제사 등 장례문화는 엄중한 격식 아래 이루어져 장엄하기까지 하다.

그러나 인륜을 공경하는 유교 속에 숨어 있는 어둠으로 인해 조상을 공경하고자 하는 제사가 조상을 복되게 하지 못하고 오히려 불행에 빠뜨리는 일이 있기에 제사에 깃들인 비밀을 밝혀 영혼을 올바르게 축복하는 방법을 찾아보도록 한다.

논어 선진편(先進篇)에 보면 제자가 공자에게 영혼 섬기는 법에 대해 묻는 구절이 나온다. 이에 대해 공자는 "산자도 제대로 섬기지 못하는데 어찌 죽은 영혼을 섬길 수 있느냐?"고 우회적으로 대답하였다. 또 죽음에 대해 물었을 때 "삶을 다 알지 못하는데 어찌 죽음을 알겠느냐?"하고 반어적으로 대답하셨다.

공자는 망자에게도 산 자를 대하듯 정성스레 공경하는 것이 인(仁)을 지닌 인간의 바른 도리라고 하여 인간적이며 현실적인 시각으로 삶의 길에 접근하고자 했다. 당시 사회에서는 망자를 바로 물건으로 취급해 내버리는 경우도 있었고 너무 슬픔에 잠겨 몇 달이 지나도 장사를 지내지 아니하고 같이 지내는 경우가 있어서 공자와 같이 지혜 있는 분이 산 자와 죽은 자의 관계를 명확히 정립할 필요가 있었던 것이다.

이러한 현실적 필요에 의해 공자는 장례에 대한 의견을 제시했던 것이며 제사의 형식도 인간적인 시각에서 정립하였다. 공자는 제사의 비밀을 알면 세상의 모든 이치를 알게 된다고 하셨으나 그 비밀에 대해서는 거의 언급하지 않았다. 유교가 제사를 중시하면서 제사의 의미와 진실에 대해 깊은 통찰이 없다는 사실은 아이러니한 일로써 여기에 바로 종교로서의 유교의 한계를 엿볼 수 있다.

이에 비해 깨달음을 얻은 성자들이 우주의 실상을 밝힌 불교와 기독교에서는 죽음에 대한 분명한 이치와 가르침이 있다. 그분들은 이 우주는 완전한 법계이며 생명은 완전한 질서에 따라 돌고 있음을 밝혔다. 그래서 사람도 하늘이 정한 완전한 법칙의 적용을 받아 지은 대로 결과를 받으며, 가벼운 것은 위로 오르고 무거운 것은 아래로 가라앉는 이치에 의해 잘 지은 영혼은 맑고 가벼워 높은 곳에 오르고, 어둠과 욕망으로 잘못 지은 영혼은 무거워 낮은 곳에 떨어진다고 하셨다.

이처럼 생과 사는 하나의 이치로 서로 이어지기 때문에 생명현상을 이해하게 되면 제사의 참된 의미와 방법에 대해 저절로 알게 된다. 즉 제사에 대한 진실을 알게 되면 인생의 의미와 생명의 지식을 저절로 습득하는 것이다.

제사는 한마디로 말해 죽은 영혼을 위로하는 위로연이며 떠도는 유혼의 한을 풀어주는 살풀이다. 생명의 이치에서 볼 때 죽은 자의 영혼은 이승을 떠나야 하는 것이 원칙이다. 모든 생명은 이생을 다하면 더 나은 후생을 위해 저승으로 떠나야 하며, 인연이 끝난 이세상에 계속 머물러서는 안 된다. 죽은 자가 산 사람들의 세계에 계속 머물게 되면 생사가 따로 구분된 우주의 질서에 혼란이 생겨 세상이 무너지게 된다.

그러나 요즘같이 어두운 세상에서는 대부분의 사람들이 욕망과 집착에 짓눌려 살기 때문에 한과 미련을 버리지 못하고 죽는 경우가 대부분이다. 그래서 죽은 뒤에도 평안하게 윤회하지 못하고 이승에서 계속 떠돌게 된다.

그런데 이러한 유혼들은 의식으로만 존재하기에 끝없는 꿈속에 빠져들게 되는데 마음이 불안하기에 지독한 악몽에 시달리게 된다. 그러므로 사람은 죽으면 한과 집착을 벗어버리고 홀가분하게 떠나야 하며, 이를 위해서는 올바른 삶으로 지나친 탐욕을 버리고 자신을 밝게 정화시켜 나가야 한다.

그래서 올바른 삶을 살아 마음의 평안을 얻은 자는 죽는 즉시 깊고 편안한 잠에 빠져 윤회에 들거나 높은 천상으로 올라간다. 따라서 이런 맑은 의식을 얻은 분들은 더 이상 이승에 존재하지 않으므로 제사를 지낼 필요가 없다. 부처와 예수가 제사에 대해 언급하지 않는 이면에는 바로 이런 깊은 뜻이 숨어 있다.

이러한 생명의 진실을 모르고 단순한 현실적 효용과 인간적 논리로 생활윤리를 전개한 유교에서는 죽은 자도 산 자와 같이 공경하는 입장에서 제사를 지내게 되었다. 그래서 이것이 형식적으로 반복되자 산 자는 제사에 짓눌리고, 죽은 자는 계속 제삿밥을 얻어먹으려고 이승을 떠돌아다니는 불행한 일이 벌어지게 된 것이다.

우리나라의 경우 제사는 삶을 구성하는 중요한 생활방식이 되어 있어 사람들의 삶과 영혼에 깊은 영향을 끼치고 있다. 왜냐하면 제사가 생활의 중요한 부분을 차지했기 때문에 죽은 이들은 이승을 떠날 생각을 하지 않고, 자신이 살아있을 때 망자에게 제사를 지냈듯이 후손 곁에 머물면서 계속 제삿밥을 받아먹어야 한다고 생각하고 있는 것이다.

그러나 이것은 생사가 유별한 생명의 이치에 어긋나는 일이며 영혼 자체에도 불행한 일이다. 영혼이 계속 이승에 있으면 단순히 머무는 정도에 그치는 것이 아니라 엄청난 고통과 불행이 다가온다. 영혼은 몸을 가지지 않는 존재이기 때문에 이승의 환경이 너무나 가혹하게 다가온다. 몸의 보호막이 없는 영혼은 의식이 자유롭기 때문에 많은 꿈을 꾸게 되는데, 불안한 의식체는 자연환경의 변화에 따라 무제한의 환상과 고통을 겪게 된다. 이러한 꿈과 환상은 유계 나름의 존재 양식에 의해 불안과 공포가 형상화되어 갖가지 괴물과 위험으로 나타난다.

이것을 세상에서는 지옥이라고 한다. 즉 지옥이란 따로 있는 것이 아니라 현실을 떠나지 못하고 맴도는 영혼이 이승에서 겪는 정신적 고통인 것이다. 그 결과 지옥의 고통에 시달린 유혼은 정기가 고갈되고 피폐하여 마침내 기운이 흩어져 미물로 태어나는 과를 받게 된다. 이처럼 영혼이 자신도 알지 못하는 사이에 불행한 후생으로 빠져드는 것은 생명의 질서를 알지 못하고 무지한 관습에 따라 함부로 살아왔기 때문이다.

그러나 제사가 나쁜 것만은 아니다. 제사는 죽은 자를 위로하는 행위로 억울하게 죽거나 한을 가진 사람들을 달래는 데 매우 유용한 수단이기 때문이다. 특히 우리나라와 같이 제사가 일상화된 민족이나 어둡고 한이 많은 세상일수록 더욱 제사가 필요하다. 이런 사회는 대부분의 사람이 죽어 유혼이 될 가능성이 높기 때문이다.

죽은 자는 이생에서 할 일을 다했으니 우주의 흐름에 순응하여
다음 생을 기약하고 떠나야 한다.

이승을 떠도는 유혼에게는 제사만큼 위안이 되는 것도 없다. 유혼에게 제사를 지내면 그동안 떠돌면서 고달팠던 고통에서 벗어나 잠시나마 위안을 얻게 되고 자신의 삶을 돌아볼 기회를 갖기 때문이다.

신이나 영혼은 의식으로 욕망을 충족하는 생존방식을 가지고 있기 때문에 과거에 좋아했던 음식을 차려놓으면 영혼은 의식으로 접해 먹은 것과 같은 효과를 가진다.

그러나 가장 좋은 제사는 음식이 아니라 바로 영혼을 달래주며 그들이 좋은 후생을 맞도록 생명의 이치와 올바른 영혼의 길을 일러주는 것이다. 유혼에게 가장 큰 축복은 사후의 영적 고통에서 벗어나 평안한 천상의 과보나 좋은 후생을 받는 것이기 때문이다. 따라서 사람은 평소에 바른 삶으로 자신의 영혼을 가꾸어야 한다. 그래야만 이승을 헤매는 유혼이 되지 않고 마음이 가벼워 천상으로 날아 올라갈 수 있게 된다.

사람은 죽을 때의 모습을 보면 그 사후를 짐작할 수 있다. 왜냐하면 저승은 이승의 삶의 결과로 나타나기 때문이다. 살아서 이승에서 이루지 못한 것은 저승에서도 얻을 수 없다. 살아있을 때 잘못된 삶으로 마음이 불안한 자는 죽어서도 지옥의 고통에 시달려야 하고 바르게 살아 편안한 마음으로 눈을 감은 자는 그 영혼이 맑고 가벼워 높은 천상에 오르게 된다.

사람의 영혼이 자유롭기 위해서는 자신의 마음속에 업이 없어야 하지만 남의 마음속에도 한을 남기지 않아야 한다. 왜냐하면 우주 속에서 모든 마음은 서로 이어질 수 있기 때문에 다른 사람이 나를 원망하여 잡고 있으면, 내 영혼이 상대에게서 자유롭지 못하여 이승의 끈적

끈적한 인력대를 벗어날 수 없기 때문이다. 따라서 인간이 바르고 선하게 살아야 하는 것은 생명의 원리에서 볼 수 있는 이치이다.

우리나라에서 전해져 내려오는 제사 관습으로 제사가 끝나면 지방을 불사르는 게 있다. 이때 불붙은 지방이 공중으로 올라가면 영혼이 감응했다 하여 사람들은 이를 좋아한다. 그러나 이러한 영적 현상은 일어나지 않는 것이 좋다. 왜냐하면 영혼이 응답한다는 것은 곧 그 영혼이 이승을 떠돌고 있다는 증거이며 고통 속을 헤맨다는 것을 의미하기 때문이다.

그렇다고 제사가 생명의 이치에 맞지 않다고 해서 갑자기 제사를 지내지 않으면, 그 이치를 모르는 영혼은 매우 섭섭해하며 산 자에게 앙심을 품을 수 있다. 따라서 제사를 갑자기 치우면 안 된다. 제사를 거둘 때는 마치 산 자에게 이야기하듯이 자연스러운 마음으로 제사의 의미와 생명의 길을 일러주면서 일정한 기간을 두고 점차 줄이겠다고 말하면 된다. 이러한 방법은 나쁜 영과 접촉했을 때 활용해도 된다.

기독교는 제사를 지내지 않는 점에서 생명의 이치에서 보면 유교보다 합리적이다. 기독교 신자들은 죽으면 신의 곁으로 가고자 의식하기 때문에 이승에 대한 집착을 보다 쉽게 잊을 수 있다.

그러나 오늘날 기독교에도 잘못된 가르침이 번져 이승을 떠도는 영혼이 많이 나타난다. 그것은 죽어서도 기독교를 세상 끝까지 전해야 한다는 광신적인 집착과 예수 재림과 함께 다가온다는 부활에 대한 믿음 때문이다. 이러한 교리는 예수가 말씀하신 진리가 아니라 그 제자들이 전도의 편의를 위해 후대에 지어낸 논리이다. 그러나 그 영향은 매우 커, 지금도 이 세상에는 죽어서도 살아있는 몸으로 부활하려는 욕망을 지닌 교인들의 영혼이 저승으로 떠나지 않고 계속 성전에 머물며 예수가 재림하기를 기다리고 있다. 그래서 이들로 인해 수많은 성령 현상들이 일어나고 있는 것이다. 이들은 기독교를 세상 끝까지 전하려는 광신적 집착으로 신자들을 찾아다니며 기이한 성령 현상을 일으킨다. 이것은 참으로 어리석은 집착이며 생명의 이치에 어긋나는 일이다. 죽은 자는 이생에서 할 일을 다 했으니 우주의 흐름에 순응하여 다음 생을 기약하고 떠나야 하는 것이다.

불교에서도 같은 취지에서 제사를 지내고 있지 않다. 그러나 불교 또한 부처님의 정법이 아닌 인간적인 욕망에 의해 변질된 교리가 세상을 병들이고 있으니, 그것은 바로 천도제를 통해 영혼을 구원한다는 주장이다.

삶의 길은 엄연한 우주의 질서에 의해 이루어지는 것이므로 평소 그 사람이 살았던 행위의 결과가 마음에 쌓여 업보를 받는다. 따라서 자신의 행위 이외에는 그 사람의 업보를 좌우할 수 있는 것은 아무것도 없으며, 설혹 부처라 하더라도 이것은 바꿀 수는 없다.

만약 천도제나 기도를 하여 영혼이 구원받을 수 있다면 돈 많고 권력있는 자들은 모두 천국에 갈 수 있다는 결론이 나온다. 절이나 교회에 성금을 많이 내고 화려한 장례를 치르고 멋있는 굿을 하면 모두 천국에 갈 수 있기 때문이다. 따라서 엄중한 인과의 이치가 지배하는 진리의 세계에서는 결코 그런 일이 일어날 수 없다.

불교에서는 장례를 화장으로 치르고 있는데 이것은 생명의 이치에서 보면 매우 좋은 방법이다. 화장을 하여 육신이 사라지면 영혼은 이승에 자신이 머물 곳이 없다는 것을 깨닫고 빨리 삶에 대한 집착을 포기하여 후생으로 떠나가기 때문이다. 이러한 삶의 자세는 인간의 영혼을 생명의 이치에 따라 흐르게 하며 생사의 질서를 밝게 하는 데 기여한다. 따라서 요즘 일어나고 있는 화장장려 운동은 사회를 건강하게 하고 인간의 정신을 맑게 하는 데 큰 도움이 된다 하겠다.

제2장

깨달음으로의 여행

완성에 이르는 길

　인간의 큰 바램은 깨달음, 즉 완성에 대한 욕구이다. 인간이 지닌 한계와 고뇌에서 벗어나 완전한 자유와 지혜를 얻는 것! 이것은 생각만 해도 황홀하다. 이런 꿈을 가진 사람은 마음이 큰 사람이거나 아니면 욕심 많은 사람이다.
　그러나 깨달음은 욕심만으로 이를 수 있는 경지가 아니며 인간으로서 가장 올바른 길을 걸어야 얻을 수 있는 인간완성의 열매이다. 이 경지는 이웃의 고통을 내 몸처럼 안타까워하는 선근과 하늘이 무너져도 흔들리지 않는 양심과 용기가 있어야 도달한다.
　깨달음을 구하는 유형은 크게 두 부류로 나눌 수 있다. 한쪽은 잘못된 세상을 바로 잡고자 하는 양심과 자비가 넘치는 사람이며 다른 한쪽은 어릴 적부터 이상한 영적 현상을 체험하여 그 길을 궁금하게 생각하는 사람이다.
　진리의 빛이 흐려진 오늘날에는 영적 현상이 나타나면 이를 구도의 자질이 있다고 보는 경향이 있는데, 이것은 잘못된 생각이다. 정신이 맑고 강한 사람에게는 영적 현상이 나타나지 않는다. 깨달음은 정신이 강하고 세상을 사랑하는 순수하고 건전한 사람만이 이를 수 있는 참된 인간의 길이다.

요즘 깨달음에 대한 관심과 욕망이 증폭되어 갖가지 명상 기법이 유행한다. 참선과 단전호흡은 대중화된 단계이며 심지어는 인도에서 들여온 외제기법까지 동원되고 있다. 그러나 이런 기법들은 깨달음으로 인도하는 수행의 정수가 아니다.

삶의 핵심은 생생한 현실 속에 있다. 따라서 깨달음에 이르는 참된 수행은 삶 속에서 이루어져야 하는 것이지 명상을 통해 이룰 수 있는 것이 아니다. 이러한 결론은 이천오백 년 전에 부처님이 분명히 내린 것이지만, 깨달음을 쉽게 얻고자 하는 욕망과 말법이 그 참된 가르침을 흐려 버렸던 것이다.

필자도 한때는 깨달음을 얻기 위해 갖가지 명상법을 수행했다. 그러나 이제는 깨달음으로 가는 참된 길을 알았기에 여기 그 진실을 밝히니 이 글을 읽는 사람은 부디 정법을 깨달아 자신의 삶을 헛되이 하지 말고 참된 완성의 길로 이끌어 나가기 바란다.

필자가 한창 선도(仙道) 수행을 할 때는 보통 사람이 상상조차할 수 없는 엄청나고 기이한 체험을 했다. 기를 느끼고 기가 온몸을 도는 소주천을 했으며, 머리가 열리는 대주천의 체험 속에 온 세상의 기운을 마음대로 운기했고 구슬같은 내단이 머리 속에 맺혔다. 그리하여 깊은 선정에 들어 수많은 시간을 열린 정수리로 천기를 받으며 열락에 젖어 수행했지만, 그러한 기운이 내 마음의 업과 습을 정화시켜 주지는 못했다.

구슬 같은 단에 의식을 실어 정수리로 출태해 신선이 되려고 했지만 그것 또한 양심상 할 수 없었다. 왜냐하면 단과 합일해 출태할 영혼이 여전히 과거의 나와 다름없는 중생이라는 사실을 부정할 수 없었기에 그것을 출태하더라도 그것은 또 하나의 새로운 중생을 만들어 내는 부질없는 일이었기 때문이다.

그렇지만 나는 단지 선도 경전에 쓰인 대로 완성에 이를 것이라는 희망을 갖고 무작정 수행에 몸을 맡기고 수많은 시간을 하릴 없이 앉아 있었다. 얼마나 많은 시간이 흘렀을까? 나는 이래서는 안 된다는 생각에 선도와 나를 돌아보기 시작했다.

여러 선도 경전에는 제시된 수행과정을 거치면 반드시 도를 얻는다고 되어 있다. 그러나 그 속에는 완성에 이르면 나타날 밝은 세상과 그에 관한 이치가 없었다. 다만 도와 합일한다거나 옥황상제에게 이른다는 환상적인 이야기로 끝을 맺고 있었다.

그제서야 나는 선도가 현실에 적용되는 사실적인 가르침이 아니라 인간들이 만들어낸 하나의 관념이며 완성되지 않은 과정상의 기법임을 깨달았다. 인간완성의 경지에 이르는 것보다 고통스러운 이웃을 구하고 세상을 밝게 만들 진리를 구하는 것이 더 중요했던 나로서는 소중한 삶을 소비하면서 단순히 신선이 되기만을 열망하는 선도를 더 이상 추구할 수 없었던 것이다.

그래서 나는 선도 수련에서 떨치고 일어나 새로운 깨달음의 길을 모색하게 되었다. 그다음에 나는 그동안 해오던 각종 명상기법을 본격적으로 수행했다. 이미 고요함을 얻은 나로서는 여러 명상기법을 수행하면 그대로 그 기법에서 추구하는 핵심 요체가 나타났다. 소리에 집중하면 명치 부근에 있는 나의 마음이 환한 빛을 느끼며 그와 합일되었고, 내관하면 몸의 각 부분에 신체의 신비가 나타났다. 그리고 양미간에 집중하면 유체 이탈이 일어나 육신 위로 떠다니는 내 영혼을 볼 수 있었다.

하지만 그것은 나 혼자만 체험일 뿐 현실과 무관했으며 세상을 밝히는 지혜를 주는 것도 아니었다. 더구나 명상에 대한 집중은 현실과 나를 유리시켜 관념 속에 사는 비현실적인 사람으로 변화시키고 있었다. 그래서 생각하기를 혼탁한 세상에서 벗어나 혼자만의 자유를 얻는다 한들 그것이 세상에 도움이 되지 않는다면 무가치한 것이며 관념적 만족에 불과하다는 결론에 이르렀다.

그래서 여기서도 한계를 느낀 나는 이마저 버리고 최고의 수행법이라고 자타가 공인한 불교의 수행법인 참선에 돌입했다. 그리하여 참선으로 집중력이 생기고 선정이 깊어져 가슴 속에 자아의 빛이 보일 때 나는 이러한 현상의 근원에 대해 화두를 잡았다.

'과연 생각하고 있는 이것은 무엇인가?'

화두가 깊어질수록 갖고 있던 의문은 하나씩 풀렸고 최종적으로 인식의 근원인 의식의 주체 속으로 파고들기 시작했다. 그리하여 화두만 잡으면 곧 바로 마음덩어리가 물건처럼 드러났으며 신실(명치) 속에 의식의 빛이 비쳐 의식과 머리가 하나로 이어지며 정수리로 상쾌한 기운이 스며들었다. 어떤 때는 하루종일 열락에 젖어 텅 빈 허공에 들었고 몸이 사라지고 마음도 사라지고 모든 것이 사라지는 허공 속에서 홀로 잠겨 있곤 했다.

최종적으로 '무'자 화두를 잡은 어느 날, 모든 것을 지우고 또 지우고 계속 無!無!無!하고 파고 들어가는데 갑자기 인당이 확 밝아지면서 세상이 하나로 다가왔다. 온몸이 비에 씻긴 것처럼 깨끗해지고 허공이 뚜렷이 관하여 지며 시방법계가 한치의 어김없는 인과의 이치 속에서 세상을 꾸미는 것을 볼 수 있었다. 나는 걸어 움직이는 현실 속에서 이러한 일이 일어나자 너무나 기뻐 오도송을 불렀다.

나는 이러한 체험이 나를 영원한 완성의 경지로 인도해 줄 것을 믿어 의심치 않았다. 하지만 그것은 깊고 달콤했으나 그것 또한 일시적인 현상이었다. 내 마음은 계속 열리지 않았고 어지러운 현실 속에서 다시 과거의 나로 돌아가는 자신을 보아야 했다.

선정 속에 들어있을 때는 명경과 같이 맑은 마음에 세상의 일들이 거울처럼 비쳤지만, 다시 세상에 나가 활동하면 갖가지 질척한 인연에 나의 집착과 욕망은 울렁거리고 의식은 흐릿한 상태로 되돌아갔던 것이다.

이러한 많은 체험을 통하여 스스로 최고의 경지에 이르렀다는 자부심은 생겼으나 자신을 돌아보면 아직 내면 깊은 곳에 자리잡고 있는 욕망과 집착의 업은 사라지지 않았고 현재의 나와 과거의 내가 달라졌음을 가늠할 수 없었다. 그렇게 세월은 무심히 흘러 그 상태에서 3년을 홀로 애태웠다.

그러던 중 홀로 앉아있는 시간이 허망하게 느껴지면서 부처님의 일화와 말씀이 사실일 것이라는 자각이 일어났다. 선정 삼매 속에 들어있는 무아지경은 진정한 반야의 체험이 아니라는 사실을 깨닫게 된 것이다. 그제야 나는 부처님의 말씀이 사실임을 확신하게 되었다. 부처님이 요가 수행의 헛됨을 한탄하며 보리수 나무 아래 모든 것을 포기하고 앉아 깨달음을 얻으신 후 하신 말씀을 비로소 이해하게 되었던 것이다.

당신은 깨달음을 얻고자 아무도 따라올 수 없는 고행을 했으며 두 요가스승보다 앞선 경지에 올랐지만, 해탈하여 절대적인 평안에 이르지는 못했다. 저잣거리에 나가 세상의 번잡한 일들과 바람결에 가족들의 소식이 들릴 때면 가라앉았던 집착과 애욕의 물결이 다시 일렁거리는 자신을 보았던 것이다.

그래서 깨달음을 얻고 난 후 그동안의 수행은 정법이 아니었음을 선언했던 것이다. 즉 당신의 깨달음은 지난날의 고행이나 명상으로 온 것이 아니라 수많은 생을 거쳐오는 동안 인간의 근본을 섬기고 바른 이치로 세상을 축복한 공덕이 온 우주를 가득 채워 마침내 이생에서 인간의 열매를 이루었다는 것을 본 것이다.

그래서 부처님은 기존의 수행과 명상에서 벗어나 올바른 진리를 배우고(正見) 이를 바르게 생각하고 굳게 지켜(正思惟, 正念) 열심히 행함으로써(正業, 正言, 正命, 正精進) 완성(正)에 이르라는 새로운 진리와 실천법을 강조하신 것이다.

이와 같이 참선이나 명상은 자기의 마음을 찾아보는 기법에 불과한 것이지 결코 그것이 인간의 마음을 농사지어 깨달음에 이르게 하는 수행의 요체가 될 수 없다. 해탈은 올바른 삶으로 인간완성을 이룬 경지이기에 세상을 축복하는 삶을 열심히 살지 않고서는 좋은 결실을 거둘 수 없다. 따라서 세상과 인연을 끊고 기나 명상만으로 도를 구하려고 하는 것은 마치 농사꾼이 농사를 짓지 않고 풍년을 얻으려고 하는 것과 같다. 그리하여 나는 참선의 끝에서도 허망하게 일어서야 했던 것이다.

그렇게 헤매던 어느 날 나는 우연히 길에서 한 성자를 만났다. 그는 '아는 것은 안다고 하고 모르는 것은 모른다'고 했다. 그분 앞에서는 모든 것이 명확했다. 그는 요즘의 언어와 논리구조와는 전혀 다른 순박한 어법으로 이야기했으며 모든 것을 세상의 사실을 예로 들어 설명했다.

그의 실상을 보는 분명한 지식과 이치 앞에 나는 한마디도 말할 수 없었다. 그는 내가 상상했던 성자와는 전혀 다른 모습으로 다가왔다. 더욱 놀라운 것은 그의 이마 정중앙에 전설 속의 지혜의 눈이 튀어나와 있다는 사실이었다. 그것은 지름이 2.5cm 정도이며 중간이 5mm 정도 볼록하고 둥글게 생긴 혹 같은 것으로 맑은 기운의 결정체가 응결하여 만든 것이었다.

그분의 실상을 보는 눈앞에서 나의 추상적인 깨달음은 아무런 힘을 갖지 못했다. 그는 증거를 가지고 나를 공박했고 나는 그저 고개를 떨구고 수긍할 수밖에 없었다. 그는 아무도 말하지 못했던 진리의 의미에 대해 간단하고 명확하게 밝혀 주셨다.

진실은 존재하는 사실이며 존재하지 않는 것은 거짓이라고 하셨다. 세상은 완전한 인과의 이치에 의해 이루어지고 있으며 존재하는 사실을 의지하고 살 때 우리의 삶은 참되고 거짓이 없으며 바라는 바 결과를 얻게 된다고 하셨다. 그리고 인생의 최종 목적은 해탈이니 바른 이치와 양심과 정의로서 열심히 세상을 축복하면 마침내 자신 속에 깃든 모든 사심과 욕망을 털어 버리고 티끌 하나 없는 맑은 마음을 이루게 된다고 하셨다.

명상에 들어 모든 자극을 끊고 자기 마음을 들여다 보면
흙탕물이 가라앉듯 욕망이 가라앉고 그 위에 맑은 마음이 고인다

나는 그분의 말씀을 듣고 석가모니 부처님의 말씀과 한치의 어김이 없음을 느꼈으며 모든 의문이 사라지고 눈앞이 밝게 비치기 시작했다. 나는 그분과의 만남을 통하여 세상을 관통하여 흐르는 뜻의 세계를 보게 되었고, 수천 년간 사라졌던 진리의 실상을 분명히 알게 되었던 것이다. 그리하여 나는 자리를 털고 일어나 오랜 구도 수행에 졸업을 선언했다.

요즘 많은 종파에서 삶 속에서 농사짓지 않고 명상 기법만 잘 수행하면 깨달음에 이를 수 있다고 주장하는 경우가 많은데 세상에 원인을 쌓지 않고 이루어지는 일은 하나도 없다.

지금도 많은 사람들은 명상 수행만으로 숙업을 지우고 해탈을 얻을 수 있다고 주장한다. 하지만 이것은 잘못된 생각이다. 명상은 자기를 들여다보는 단순한 기술에 불과하니 좋은 원인으로 자신을 가꾸지 않으면 해탈에 이를 수 없는 것이다.

해탈은 마음을 덮고 있는 숙업을 모두 닦아내어 맑고 깨끗한 진공묘유의 불성을 증득하는 것을 의미한다. 그런데 마음을 덮고 있는 무거운 업장은 과거 어두운 삶을 통해 지은 것이니 밝은 삶을 통하여 극복하지 않으면 지울 수가 없다. 땅에 넘어진 이는 반드시 땅을 짚고 일어나야 하는 것이 자연의 이치인 것이다.

조용히 명상에 들어 모든 자극을 끊고 자기 마음을 들여다보면 흙탕물이 가라앉듯 욕망의 흐름이 가라앉고 그 위에 맑은 마음이 고이는 현상이 나타난다. 이때 마음 거울 위로 세상만사가 비쳐 오묘한 조화를 나타내기 때문에 수행자들은 반야에 이른 듯한 큰 착각을 하게 된다.

이 차원을 불가에서는 견성이라고 하는데 견성의 경지에만 가도 마음의 신묘막측한 작용을 엿볼 수 있어 사람들은 이들을 깨달았다고 존경한다. (실제 부처 이래로 깨달았다는 거의 모든 사람이 바로 이러한 고요한 마음을 본 상태이다)

그러나 이 단계는 시작에 불과하다. 견성의 단계는 접촉을 끊고 고요해져 마음의 흙탕물을 가라앉힌 상태이기 때문이다. 이 상태는 업이 가라앉은 상태로 업이 사라진 게 아니기 때문에 다시 세상일에 휩쓸리면 가라앉은 흙탕물이 일어나 마음이 흐려지게 되고 세상일이 하나도 보이지 않게 된다. 부처님이 선정에서 깨어나 세속의 인연에 계속 헤맨 것도 바로 이러한 상태에 머물렀기 때문이다.

완전한 깨달음은 내재된 탁업을 가라앉히는 것이 아니라 완전히 태워 한 점 먼지도 남지 않게 지워버리는 것이며, 행주좌와 어묵동정(行住坐臥 語默動靜)간에 여일한 반야심을 유지하는 경지이다. 그래서 깨달은 이는 어떠한 상황에서도 반야심이라는 우주의 거울에 이 세상을 비춰 볼 수 있기 때문에 전광석화 같이 세상의 모든 이치를 밝히게 되는 것이다.

이와 달리 견성했다는 분들은 참선으로 마음의 업만 가라앉혔지, 지은 공덕이 없어 업이 사라지지 않은 상태이기 때문에 여일하게 반야심을 유지하지 못한다. 그래서 이따금 신통한 소리를 하나 세상을 구하는 깨달음의 빛을 밝히지는 못하는 것이다. 그동안 한 소식을 했다고 오도송을 부른 수많은 선사들이 완전한 반야심을 얻겠다고 보림행을 위해 산천을 떠돌았지만 결국 아무런 깨달음의 빛도 전하지 못하고 결국 말없이 산속으로 사라진 것은 바로 이러한 경계에 걸렸기 때문이다.

해탈지심은 행주좌와 어묵동정 간에 항상 여여하게 나타나는 것이며 사실에 대한 지혜로서 현실 속에 분명히 작용하는 것이다. 깨달음의 실체는 나 혼자만의 자유에 있는 것이 아니라 이치를 밝혀 세상을 축복하는 지혜에 있으며 세상에 대한 자비와 보살행 속에 있는 것이다.

진정한 깨달음이 있으면 그 깨달음의 증거가 분명히 세상 속에 나타나야 한다. 빛이 있으면 어둠은 걷히는 것이다. 따라서 현재 우리나라가 이렇게 어두운 이유는 아직 밝은 진리가 이 땅에 나타나지 않았다는 증거이며 그동안 나타난 수많은 깨달음이 진정한 것이 아니었다는 반증이다.

이것이 바로 부처님께서 정각을 얻으신 후 인간의 마음을 닦을 수 있는 가장 올바른 길은 고행이나 명상이 아니라 올바른 삶을 통한 공덕행이라고 말씀하신 이유이다. 따라서 세상을 위한 올바른 삶인 팔정도를 행해 공덕을 쌓지 않고, 가만히 앉아 참선이나 단전호흡, 명상을 통해서 깨달음을 얻고자 하는 것은 농사를 짓지 않고 기도만으로 풍년이 들기를 바라는 것과 같이 허망한 일이다.

명상이란 조용히 앉아 마음을 들여다보는 관찰 수단에 불과한 것으로 마음 자체를 닦아내는 본질적인 수행법이 되지 못한다. 그런데 오늘날은 부처님의 정법인 팔정도에 의한 공덕행은 퇴색하고, 참선과 명상과 기수행만이 정법인 것처럼 유행하고 있으니 그 병폐는 참으로 크다 하겠다.

명상은 진리의 농사를 짓기 위한 준비작업에 불과하다. 부처님 재세시에 안거를 통해 선정을 지도하신 것은 평소에는 열심히 팔정도를 행하여 세상과 자신 속에 인과의 공덕을 짓게 하고, 장마가 와서 아무 일도 할 수 없을 때는 딴생각을 하기보다 조용히 앉아 그동안 닦았던 자신의 마음을 찾아보는 시간을 갖도록 하신 것이다.

그리고 진리를 찾는데 중요한 것은 처음 세상을 구하겠다고 초발심을 낸 인간의 양심과 자비심이다. 따라서 수행이 이상한 방향으로 흐르거나 제대로 되지 않을 때는 항상 이 길이 세상에 얼마나 도움이 되는가 하는 초발심으로 돌아가 자신과 세상을 살펴보아야 한다. 이러한 마음가짐 없이 욕심을 내어 도를 구하면 중도에 마가 끼든가 아니면 기혈이 뒤엉켜 화를 당하게 된다.

깨달음은 궁극적으로 나와 세상이 하나임을 깨닫고 자비로운 마음으로 세상을 축복하는 데 있다. 따라서 깨달음을 얻기 전이나 깨달음을 얻고 나서나 해야 할 일은 세상을 위해 공덕을 짓는 일밖에 없다. 이렇게 분명한 일을 두고, 세상 사람들은 세상을 축복할 생각을 하지 않은 채 깨달음에 욕심을 내어 온갖 이상한 길을 찾아가고 있는 것이다. 그러나 이러한 이치를 분명히 알게 되면 깨달음의 길과 세상을 살아가는 길이 둘이 아님을 알게 된다.

그리하여 밝은 지혜와 공덕행으로 세상을 축복하고 마음을 정화하여 완성에 이르게 되면, 인간은 우주의 근원과 하나가 되는 신성한 존재 목적을 이생에서 성취하게 된다. 마음속에 있는 모든 숙업이 사라져 행주좌와 어묵동정 간에 항상 반야에 머물게 되며 우주의 근원과 같이 맑아진 마음에는 세상의 모든 실상과 이치가 비치어 어둠 속을 헤매는 중생들에게 우주의 진실과 이치를 밝히게 된다.

깨달음에 이른 자는 이 세상이 완전한 뜻과 이치 속에 있음을 가르치며 생명의 흐름이 완전한 질서 속에 있음을 보여 준다. 이러한 인간완성의 경지는 인종과 종파와는 무관한 것이니 모든 인간에게 열려져 있는 생명의 축복이며 가능성이다. 즉 깨달음이란 인간의 이상 속에만 존재하는 것이 아니라 현실 속에 나타나는 실제적인 일이며 모든 인간이 도달할 수 있는 가능성인 것이다. 따라서 우리는 현실 속에서 인간의 의미와 가치를 찾아 올바른 진리를 행하는 삶을 살아야 하는 것이다.

나는 지금도 내가 인류역사상 가장 복 받은 자라고 생각하며 지복 속에서 지내고 있다. 진리의 실체를 보았으며, 성자를 만날 수 있었고, 진리 속에서 진리를 실천하는 기쁨을 누리며 살고 있기 때문이다. 이러한 일이 존재하기에 세상은 참으로 가치있고 의미있으며 인생이란 고귀한 것이다. 이 글을 보는 분들도 하루 빨리 진리와 인연을 맺어 밝은 눈과 평안한 마음을 얻기 바란다.

깨달아야 하는 이유

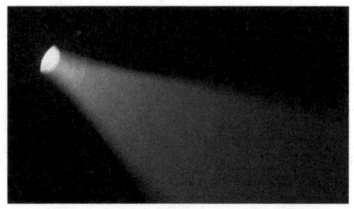

우리는 왜 진실을 깨달아야 하는가? 그것은 자신에게 주어진 귀한 삶을 거짓과 무의미 속에서 헛되이 보내지 않고 세상일을 바로 알아 좀 더 참되고 보람있게 보내기 위함이다.

깨달음을 얻는다고 하는 것은 진실을 알게 된다는 말로서 세상을 바로 보는 눈을 뜨게 되었다는 말이다. 즉 있는 것을 있는 그대로 바로 보고 있는 일이 어떻게 생겨났는가 하는 원인을 알아보며, 그 일이 어떤 과정을 통해서 어떤 결과를 빚게 될 것인가 하는 인과의 이치를 안다는 것이다.

인간과 세상은 본래 하나이기 때문에 깨달음으로 우주와 하나되는 맑은 마음을 얻으면, 세상과 하나 되어 그 속에 깃든 뜻과 진실과 이치를 알게 되는 것이다.

그런데 요즘과 같은 물질 자본주의 시대에서는 인간을 동물로 보고 쾌락을 인생의 목적으로 여기는 경향이 대세를 이루고 있다. 길을 잃은 매스컴과 근거없는 지식에 물든 지식인들은 출세와 쾌락이 마치 삶의 본질적 가치인 듯이 말하면서 인간을 타락시키고 세상을 어지럽힌다.

하지만 세상이 그렇게 혼란스럽고 무의미하며 인간이 단순한 동물에 불과하다면 인생은 너무나 보잘것없어서 살아갈 가치조차 없다. 비록 인간은 동물로 태어나 생물적인 욕망을 기초로 살아가고 있지만, 우주의 모든 능력과 가능성을 부여받은 하늘(신, 조물주, 불성, 신성)의 자식이다.

따라서 중간자인 인간이 무엇을 선택하느냐에 따라 동물이 되는 길에서부터 신성에 이르는 길까지 모두 다 열려 있다. 어느 길을 갈 것인가는 각자의 인연과 그릇에 따라 선택하는 것이며 선택에 따른 운명과 결과는 각자가 가져가게 되는 것이다.

그래서 동물의 길을 선택한 사람은 동물의 운명을 갖게 되고, 인간의 길을 간 사람은 인간의 운명을 갖게 되며, 완성의 길을 간 사람은 신성에 이르게 된다. 이러한 무한한 가능성이 있기에 인생은 살아갈 만한 것이며 세상은 완전한 것이다.

인간이 양심과 진리에 뜻을 두고 그 마음에 진실을 쌓아가면 인간 완성의 열매인 깨달음을 얻게 된다. 그의 마음은 모든 것이 사라지고 다시 태어나는 반야에 이르기 때문에 모든 어둠과 욕망에서 벗어나 완전한 대자유를 얻게 된다. 그는 오직 우주의 뜻과 완전한 이치에 따라 움직일 뿐 세상의 인연과 윤회의 굴레에 얽매지 않으며 심지어 자신조차도 자신을 관여하지 못한다.

중생들은 마음속에 업이 있어서 사물을 있는 그대로 보지 못하지만, 깨달은 이는 업의 작용에서 완전히 벗어나 티끌 하나 없는 맑은 마음으로 세상일을 있는 그대로 비추게 된다. 따라서 사실을 사실대로 보고 거짓을 말하지 않으며 진리로 세상을 축복하게 되는 것이다.

진실에 눈을 뜨게 되면 세상 살기가 편해진다. 욕망에서 벗어나기에 세파에 얽매지 않고 잡념이 없으니 마음이 항상 맑다. 마음이 맑으니 실수를 적게 하고, 실수를 적게 하니까 남을 미워하거나 원망할 일이 없이 세상을 평안하게 살아간다.

그리고 세상의 모든 일이 하나로 다가오고 뜻이 분명해지기 때문이며 선악이 확실해지고 사랑이 넘치게 되며 끝없는 용기로 공덕행을 행하게 된다. 이것이 진리와 깨달음의 길이며 인간이 가야할 궁극적인 목적지이다.

깨달음을 얻는다는 것은 진실을 알게 된다는 말로써
세상을 바로 보는 눈을 뜨게 된다는 뜻이다.

그러면 어떻게 해야 진실을 깨달을 수 있는가? 진실이 사라진 세상에서 먼저 진리의 빛을 찾아야 할 필요가 있다. 빛이 사라진 어두운 세상에서는 참과 거짓을 구분할 수가 없으므로 진실을 보아도 알지 못한다. 그래서 진리를 배움으로써 점차 눈이 밝아지고 이를 계기로 더 많은 공덕을 행하여 완성으로 나아가는 것이다.

그리고 깨달음에 이르기 위한 필수요소는 전생의 공덕에 의한 선근이다. 마음에 선근이 있어 중생을 사랑하는 마음과 어떠한 불의에도 꺾이지 않는 용기가 있을 때 비로소 모든 어둠과 시련을 이겨내고 인간의 근본을 길러 완성에 이르게 된다.

따라서 선근이 없는 자는 진리의 인연을 만나도 알지 못한다. 마음 속에 진실이 없는 자는 아무리 진실을 보아도 알아차리지 못하는 것이 자연의 이치이다. 그래서 부처님도 진리는 인연이 없는 자에게는 전할 수 없다고 하셨다. 유사 이래 진실과 인연을 맺은 자는 손을 꼽을 정도에 불과하기 때문에 대부분의 사람들은 성자들에게서 풍겨오는 진실의 향기를 조금씩 맡으며 위안으로 삼고 살아가는 것이다.

그러므로 세상 사람들은 자신이 얼마나 진실에서 멀어져 있는지를 자각해야 한다. 그래서 소크라테스는 '너 자신을 알라'고 외쳤던 것이다. 자신의 삶 속에 인간의 참된 의미와 가치가 거의 없으며 진실로 소중한 것을 모르고 살고 있다는 것을 깨닫게 될 때, 인간은 비로소 진리와 인연을 맺게 된다.

그리고 진리와 인연을 맺은 후에도 진실을 체득하려는 지극한 노력이 있어야만 좋은 영혼을 얻을 수 있다. 진실은 단순한 지식으로 배우는 게 아니라 자신을 진실로 체화시켜야만 이룰 수 있기 때문이다. 그러므로 진실은 소설책 보듯 한 번 보고 버릴 것이 아니라 항상 곁에 두고 몸에 익을 때까지 계속 보고 듣고 행하기를 되풀이해야 한다.

인생은 깨달음을 향해 나아가는 과정으로 우리 자신을 새롭게 만드는 축복의 시간이다. 옳고 그름은 오직 진실을 아는 깨달음이 있어야 가능하며 진실에 대한 하나의 깨달음은 그만큼 삶을 가치있게 한다. 사람이 진실을 하나 깨달으면 그만큼 완성되고, 깨닫지 못하면 그만큼 어리석어지는 것이다. 인간은 깨달음을 통해서 자유롭고 완전한 영혼을 만들어나가는 것이다.

영혼의 구조와 마음닦는 법

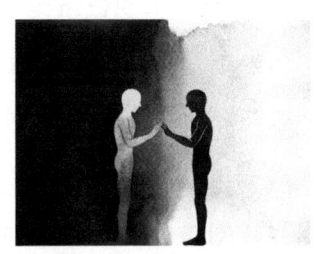

　사람들은 진리의 존재를 믿고 싶어하지 않는다. 왜냐하면 진리가 존재하면 여러 가지 귀찮은 일이 생기기 때문이다. 영혼의 문제도 마찬가지다. 영혼의 문제는 아직 현대과학으로 검증 불가능하다. 그래서 욕망에 얽매인 현대인들은 사후에 영적 현상이 존재하면 제멋대로 살고 싶은 욕망에 제약이 생기므로 애써 이를 부정하고 싶어한다.
　그러나 세상 모든 일 중 결과가 없는 것은 아무것도 없다. 따라서 생명의 주체로 왕성한 생명 활동을 한 인간의 정신도 반드시 결과가 남게 되므로 영혼은 존재할 수밖에 없다.
　그러므로 오늘날 열병처럼 번지고 있는 영적 현상에 대해 현명히 대처하고 인간에게 가장 소중한 생명과 정신 문제를 이해하기 위해서는 영혼의 실체를 더 이상 외면해서는 안 된다. 이제는 문제를 직시하여 정확히 이해하고 현명하게 대처해야 할 시점인 것이다.
　요즘 사람들은 영혼에 대해 무지하다 보니 여러 가지 어리석음을 범하는 경우가 많다.
　첫째는 무당에 관한 일이다. 요즘 영적 현상이 많이 나타나다 보니 이것을 제멋대로 해석하여 무당을 일반 사람보다 영성이 뛰어난 존재라고 말하는 사람도 있다. 그러나 이런 소리는 사실을 바로 알지 못하는 상태에서 짓는 구업(口業)이다. 무당이란 한마디로 정신이 허약하여 다른 유혼에게 자신의 영혼을 점령당한 불행한 사람이다.

한과 집착으로 세상을 헤매는 유혼은 자기와 인연이 닿거나 병에 걸려 극히 기운이 허약해진 사람이 있으면 그 속으로 들어가 그 사람을 이용하려 한다. 그래서 대부분의 무당은 무당 집안이라든가 병이 걸려 허약해진 사람, 그리고 금식기도 등으로 몸이 영혼을 지키지 못할 정도로 쇠약해진 사람들이 걸리게 되는 것이다.

그러므로 무당이나 영매는 남다른 영성을 지닌 사람이 아니라 어둡고 잘못된 삶으로 자신의 정신을 망친 자로서 유혼에게 만만하게 보여 그 재물이 된 사람이다.

유혼이 사람의 몸에 들어오면 몸이라는 보호막을 갖게 되므로 매우 편안함을 얻는다. 따라서 영이 한번 사람 몸에 들어오면 쉬 떠나지 않으며, 또 사람의 몸에서 기운을 흡수하여 덩치가 커지기 때문에 들어오기는 쉬워도 나가기는 어렵다.

더구나 유혼이 남의 몸을 차지하면 그 몸을 빌어 자신의 한과 집착을 풀려고 하기 때문에 몸주에게 온갖 무리한 요구를 하여 몸주는 파행적인 정신분열 현상을 보이게 된다. 그래서 결국 유혼에게 몸을 점령당한 몸주는 타인의 삶을 살게 되며 결국 남의 한풀이만 해주다 유혼과 같은 운명에 처하게 되는 것이다.

오늘날 이러한 영적 현상이 많이 나타나는 나라는 인도와 티벳이다. 그쪽 귀신들은 살아있는 생명의 세계에서 힘을 발휘하는 영적 비밀을 알고 있어,현실 속에 나타나 강한 영향력을 발휘하고 있다.

이러한 현상은 생사가 구별되는 생명 원리를 혼란시켜 세상을 어지럽히는 요인이 된다. 좋은 예가 인도의 유명한 요기 '사이바바' 환생 사건이다. 사이바바란 사람은 오래 전에 죽은 유명한 요기인데, 어느 날 한 젊은이가 홀연 나타나 자신을 사이바바의 재림이라 칭하면서 생전의 그와 비슷한 행동을 하자, 그것을 본 사람들이 다시 그를 사이바바로 섬기며 따르게 되었다는 이야기다.

이 속에 숨어 있는 영적 비밀은 죽은 사이바바의 영혼이 세상을 떠돌다 한 나약한 젊은이의 영혼을 누르고 그 몸을 빌어 세상에 나타난 것으로, 사이바바의 세상에 대한 집착과 명예욕이 죽어서도 눈을 감지 못하고 떠돌다가 다른 사람의 몸을 빌어 한을 풀려고 하는 현상이다.

이와 비슷한 사례로 티벳 불교 수장인 달라이라마 제도에 관한 비밀이 있다. 달라이라마는 죽으면 그 영혼이 다시 사람으로 환생하여 계속 그 깨달음을 이어받는다고 한다. 그래서 달라이라마가 죽으면 여러 고승이 모여 선정을 통해 그 영혼이 이른 곳을 발견하여 그곳에 가서 새로 태어난 아이를 데려와 전생 시험을 거쳐 달라이라마로 선출한다.

그러나 여기에는 커다란 함정이 있다. 사람은 죽음과 동시에 깊은 잠에 들어 반야의 세계로 들어간다. 반야의 세계란 일체가 사라지고 새롭게 생성되는 우주의 근원 자리인데, 이곳에 들어가게 되면 과거의 모든 기억은 사라지고 기질과 성품과 근기만이 남아 다시 새로운 생명의 씨앗이 된다. 그러므로 다시 태어나면 과거를 기억하지 못하는 것이 정상적인 생명현상이다.

한 알의 밀알이 완전히 썩어야 새싹을 낼 수 있듯이 과거의 기억이 남아있다는 것은 아직 과거의 자기가 죽지 않은 것으로 유혼의 상태로 떠도는 것을 의미한다. 따라서 과거의 기억을 지워버리지 못하는 영혼은 결코 새 생명으로 날 수 없다.

한 알의 밀알이 완전히 썩어야 새싹을 낼 수 있듯이 과거 기억이 남아있는 것은 아직 과거의 자기가 죽지 않은 것으로 유혼의 상태로 떠도는 것을 의미한다.

위의 두 가지 경우에 영매가 과거의 기억을 가지고 있는 것은 죽은 자의 영혼이 다른 사람의 몸으로 스며 들어간 때문이다. 달라이라마가 전생을 기억한다는 것도 바로 죽은 그의 영혼이 어린아이의 몸에 스며 들어가 아이의 영을 점령한 것을 의미하는데, 그는 아기 때부터 다른 몸을 점령함으로써 완전히 새롭게 윤회한 것처럼 고도의 위장술을 발휘하는 것이다.

여기서 알아야 할 것은 다른 사람의 영혼을 제압하고 남의 몸을 빌리는 것은 생명의 이치에 어긋나는 가장 큰 죄악이라는 사실이다. 현실에서 남을 해치는 일은 육체를 훼손하는 것에 그치지만, 남의 영혼을 침범하는 일은 그의 후생까지도 소멸시킴으로써 생명의 원리에 위배되는 가장 큰 죄를 짓는 일이다. 이것은 성자들이 엄격히 금한 일로서 산 자와 죽은 자가 섞이게 되면 생명의 질서에 혼동이 생기고 산 자에게는 온갖 병과 액운이 닥치게 된다.

돌아보라! 성자들 중 귀신이 되어 세상을 떠돌며 남의 몸을 빌어 다시 나타난 분이 있는가? 성자들은 살아 생전 인연에 따라 주어진 일을 묵묵히 실천하고 근원의 세계로 돌아가셨을 뿐 한으로 남아 세상을 떠도는 어리석은 일은 하지 않았다.

따라서 지금 세상에 나타나는 심령현상은 잘못된 삶으로 한과 집착을 짊어진 낮은 차원의 유혼들이 환상의 세계에 빠져 자신이 무슨 짓을 하는 지도 모르고 저지르는 어리석은 행동들인 것이다.

다행히 현 달라이라마는 나이가 들면서 과거의 기억이 모두 사라졌다고 하니 깃들었던 영이 떠나간 것으로 보인다. 그러나 지금과 같은 달라이라마 선출제도 자체는 생명의 이치에 어긋나는 일이니 폐지하는 것이 바람직하다.

이러한 영혼의 비밀을 알고 나면 윤회에 대한 많은 의문을 풀 수 있다. 요즘 윤회에 관한 서적이 쏟아지고 최면술로 전생을 기억해내는 사례가 심심찮게 보도되고 있다. 그러나 그것은 그 사람의 전생이 아니라 그의 몸에 스며든 영의 환상을 보는 것이다.

사람의 영혼은 생명의 순환과정에서 모든 것이 지워지고 다시 태어나는 반야라는 망각의 공간을 건너오기 때문에 새로 태어나는 사람은 결코 과거의 기억이 남아있을 수가 없다. 따라서 무당이나 최면을 통해 체험하는 전생 이야기는 몸에 스며든 떠도는 유혼이 만들어 낸 환상에 불과하다.

물론 유혼이란 산 자가 죽어 귀신이 된 것이니 영매들이 하는 말과 기억이 모두 거짓말이라고는 할 수 없다. 다만 그들은 잘못된 욕망과 집착에 사로잡힌 어두운 영혼으로 유계를 떠돌면서 겪는 고통 속에 그 의식이 정상이 아니기 때문에 그 말을 믿을 수 없다는 것이다. 그러므로 최면 등을 통한 전생 체험을 가급적 하지 않는 것이 좋으며 대부분의 윤회에 관한 글도 각자의 생각이나 영의 환상을 써 놓은 것이니 가능한 한 이를 멀리하는 것이 좋다.

오늘날의 세상에는 한이 이슬처럼 내린다고 표현할 정도로 많은 유혼이 떠돌고 있으며 병적 증상 가운데 반 이상이 영에 의해 생긴다고 할 수 있다. 따라서 이러한 영혼의 문제는 우리 주변에서 생활에 깊이 영향을 미치고 있으므로 이를 외면해서는 안 된다. 오히려 영의 실체를 이해하고 영혼을 잘 가꾸는 법을 배움으로써 삶에 충실할 수 있는 것이다.

영혼은 존재하는 것이며, 삶이란 끝없는 윤회 종자인 영혼을 잘키우는 데 있다. 영혼은 생명 순환에 있어서 가장 중요한 핵으로 농사에서 씨앗과 같은 역할을 한다. 즉 인생이란 과정을 통하여 생명의 씨앗인 영혼을 잘 길러놓으면 다음 생에서 밝은 내일을 기약하고, 최종적으로는 해탈이라는 인간완성의 열매를 거두게 되는 것이다.

따라서 인간 농사를 잘 짓기 위해서는 영혼의 구조와 형성과정에 대해 잘 알아야 한다. 이것을 알게 되면 오늘날의 교육론이나 심리학은 모두 다시 써야 할지 모른다. 영국 경험주의의 시조격인 존 로크는 『인간오성론』에서 인간의 마음은 백지상태로 나며 경험에 의해 모든 것이 결정된다고 했다. 그러나 이러한 주장은 영혼의 실체와 구조를 모르는 상태에서 자신의 체험을 기초로 전개한 단순한 사변 논리에 불과하다.

사람은 나면서부터 성품과 근기가 모두 다르고 업도 다르다. 사람은 겉으로는 다 똑같아 보여도 그 천성은 풀과 같은 사람에서부터 돼지 같은 사람, 원숭이 같은 사람, 맹수 같은 사람, 신과 같은 사람 등 그 유형은 헤아릴 수 없을 만큼 많다. 이처럼 사람마다 그 성질이 다르고 지혜가 다른 것은 그 영혼 속에 입력되어 있는 과거의 일이 모두 다르기 때문이다.

영혼의 구조를 살펴보면 그 가운데 윤회 종자인 의식의 핵이 있고 이 핵은 기운의 움직임을 통해 의식을 나타내며 의식은 환경을 만나 여러 가지 마음을 낸다. 그리하여 갖가지 체험을 통해 새로운 사실들이 마음에 입력되면 그 내용들은 마음을 거쳐 다시 영혼의 핵에 저장되는 것이다. 그리하여 일단 저장된 업은 영원히 되풀이되면서 과거의 일을 반복하는데, 전과가 있거나 한번 유혹에 넘어간 사람들이 다음에도 같은 잘못을 계속 저지르는 이유는 바로 이처럼 마음 깊은 곳에 과거의 업이 잠재하고 있어 행동에 계속 영향을 주기 때문이다.

여기서 중요한 사실은 한번 의식 속에 들어간 것은 아무리 미미한 것이라도 결코 저절로 사라지지 않으며 정도의 차이가 있을 뿐 계속 의식에 영향을 미친다는 사실이다. 따라서 현재의 모든 행위는 미래의 자신과 후생을 있게 하는 원인이 되기 때문에 우리는 한순간이라도 자신의 일에 유의해야 하며 좋은 원인을 쌓도록 노력해야 한다.

이처럼 과거에 쌓은 경험의 흔적이 마음속에 깃들어 삶을 좌우하는 것을 우리는 업(業)이라고 한다. 그래서 바른 이치를 알고 좋은 원인을 지으면 그만큼 업이 가벼워지고, 바른 이치를 모르고 악행을 쌓으면 그만큼 마음이 어두워져 불행의 나락으로 빠져드는 것이다.

이와 같이 명확한 생명의 이치와 인과의 법칙을 알게 되면 사람은 지금처럼 함부로 잘못을 저지를 수 없다. 요즘 우리 사회에는 사람들이 자연의 이치를 거슬러 저지른 나쁜 원인이 결과를 나타나 어두운 환경과 불행한 일들로 가득 차 있다. 따라서 누구나 잘못된 어둠에 물들기 쉬운 상황으로 사람들이 나쁜 경험을 하기 쉬워지고 세상은 급속도로 어두워지고 있다. 그러므로 우리는 세상에 난무하고 있는 나쁜 원인들에 대해 남의 일처럼 소홀히 대해서는 안 되며 내 집안을 가꾸듯 사회의 부정과 어둠에 대해 단호히 대처해야 한다.

이와 같이 좋은 원인은 좋은 결과를 낳고 나쁜 원인은 불행을 가져온다는 인과의 이치 속에 인간완성의 길이 있다. 좋은 원인은 최상의 선으로 나아가 마침내 신성에 이르게 하며 나쁜 원인은 최악으로 떨어져 소멸에 이르게 한다. 그래서 '모든 악은 멀리하고 모든 선은 행하여 그 마음을 맑게 하는 것이 모든 부처님의 공통된 가르침'(法句經 述佛品)인 것이다.

과거에 쌓은 경험의 흔적이 마음속에 깃들어
마음을 좌우하는 것을 업(業)이라 한다.

그동안 동양에서는 인간완성에 이르기 위한 수단으로 수많은 명상법이 많이 나왔다. 그러나 이러한 기법들은 업을 지워버리는 좋은 원인을 쌓는 것이 아니라 교묘한 기술로 반야심을 찾고자 하는 잔재주에 불과했다. 부처님 이후 세상에 깨달음이 나오지 않았던 것은 바로 이와 같이 좋은 원인을 지어 마음을 닦지 않고 잔재주만으로 반야심을 찾으려 했기 때문이다.

인간의 업은 전생의 잘못된 삶으로 지은 것이다. 따라서 어두운 행위로 지은 업을 지우기 위해서는 그 업을 극복할 수 있는 더 많은 선업을 지어야 한다. 이러한 명확한 이치를 무시하고 깨달음을 갖가지 명상 기술로 요령을 부리거나 욕심으로 얻으려 하다가는 오히려 화를 당하게 된다. 그동안 구도의 길을 가다 사이비로 변한 많은 수행자들은 이처럼 세상에 대한 사랑으로 진리를 구하지 않고 사리사욕으로 도를 구하다가 마의 유혹에 넘어가 버린 것이다. 그러므로 영혼의 구조와 원리를 알아야 업을 지울 수 있는 참된 수행법을 알게 되며 깨달음을 얻을 수 있는 것이다.

인간이 자신의 업을 지우고 인간완성에 이를 수 있는 가장 올바른 길은 세상을 위해 좋은 원인을 짓는 공덕행이다. 밝은 세상과 이웃의 행복을 위해 진리를 실천하게 되면 자신이 진리화되고, 노력하는 과정에서 시련과 장애를 만나면 애가 타고 사랑의 불이 일어 자신의 모든 업을 태워 버리게 되는 것이다. 그래서 공덕행을 우주에서 가장 고귀한 법이라 하는 것이며 여기에 진리의 실천성이 나타난다.

공덕행

　공덕행이란 바른 이치로 세상을 축복하는 원인을 짓는 것을 말한다. 바른 이치란 좋은 원인은 좋은 결과를 낳고 나쁜 원인은 나쁜 결과를 낳는 인과의 법칙이다. 따라서 모든 것이 바른 이치대로 이루어지면 사람의 마음은 사심과 거짓이 사라져 인간완성에 이르고 세상은 어둠과 혼란이 사라져 지상천국이 된다.
　이것은 세상에 양심과 정의로 나타난다. 바른 이치대로 사는 자는 양심이 맑아 남에게 해를 끼치지 아니하며 세상을 축복하게 된다. 그리고 그런 사람이 많은 사회는 정의가 확립되어 모든 일이 공명정대하게 이루어지며 억울함이 없고 살맛 나는 세상이 되는 것이다.
　그런데 어두운 세상에는 잘못된 생각과 탐욕을 가진 자들이 많아서 진리를 말하고 정의를 말하면 이를 싫어하며 오히려 해치려 한다. 이러한 사실은 모든 성자들이 박해를 받았다는 사실에서도 잘 알 수 있다. 그래서 어두운 세상을 진리로 축복하다 보면 여러 사회악이나 어둠과 부딪히게 된다. 이때 공덕을 실천하는 사람의 마음은 장애를 극복하는 과정에서 애가 타고 진리와 사랑의 불이 타올라 삿됨이 사라지고 더욱 진리화 되는 것이다. 그래서 세상과 진리를 위해 완전히 자신을 바칠 때 그 마음속에는 오직 자비와 진리만이 충만하게 되고 업이 사라지게 되는 것이다. 그래서 바른 진리로 세상을 축복하는 공덕행이 마음을 닦는 가장 훌륭한 수행법인 것이다.

세상을 위해 애태우는 길에는 여러 가지가 있다. 부모가 자식을 올바른 인간으로 키우는 일, 사업가가 경제를 통하여 많은 사람을 부양하는 길, 정치가가 공정한 정의로 국가를 밝게 만드는 길 등 세상을 살아가는 모든 일이 세상을 축복하는 공덕이 될 수 있다.

그러나 무엇보다 큰 공덕은 진리를 밝히고 전하는 공덕이다. 진리를 밝히게 되면, 거짓된 관념에 속아 살아오던 사람들의 삶이 진실해지고 어두운 세상이 밝아진다. 그리고 마음이 밝아진 사람들은 바른 이치대로 세상에 좋은 원인을 지어 주위에 있는 모든 사람을 행복하게 만든다. 그래서 옛부터 금강석을 은하수만큼 보시하는 것보다 진리 한 구절을 전하는 공덕이 더 크다는 말이 있는 것이다.

요즘에는 갖가지 명상법의 성행으로 삶 속에서 좋은 원인을 짓지 않고서도 마음을 닦을 수 있고 해탈에 이를 수 있다는 주장이 있다. 그러나 수많은 생을 돌면서 나쁜 행위로 인해 자신 속에 쌓여있는 숙업은 공덕행을 통해 바른 원인을 짓지 않고서는 극복할 수 없다. 삶을 통하여 잘못 지은 원인을 생각만으로 지울 수 있는 원리는 세상 어디에도 없는 것이다. 따라서 공덕행을 통하여 삶 속에서 자신을 닦지 아니하고 혼자 앉아 생각만으로 깨달음을 얻으려 하는 것은 피땀 흘려 농사를 짓지 않고 앉아서 기도만으로 풍작을 거두려는 것과 같이 어리석은 일이다.

공덕과 관련해서 중국 양나라 때 무제와 달마 사이의 '소무공덕'일화가 있다. "내가 절도 많이 짓고 시주도 많이 하고 불경도 편찬하는 등 좋은 일을 많이 했는데 공덕이 얼마나 있겠소?" 하고 묻자, 달마대사가 "조금도 공덕이 없다(小無功德)"고 했다는 이야기다.

이를 오늘날 불교에서는 중생들의 삶에 대한 인과법을 유루법이라 하고 부처님의 깨달음의 경지를 무루법이라 하여 무루법은 더 이상 인과에 얽매이지 않는 법이라는 논리 아래 이에 대한 해석을 하고 있다. 즉 아무리 큰 공덕이 있어도 깨달음의 경지에서 보면 모든 것은 공하니 칭송을 바라는 유루공덕은 이미 공덕이 아니라 업이라는 식으로 해석하는 것이다.

그러나 실상을 알게 되면 그것은 바른 해석이 아니라는 것을 알게 된다. 칭찬을 바라든 바라지 않든 간에 그것이 세상에 도움이 되는 원인이면 공덕이 되는 것이며 도움이 되지 않으면 무공덕인 것이다. 따라서 '소무공덕(小無功德)'이라 한 이유는 부처님의 진법을 알고 있는 달마께서 보시기에 양무제가 하는 행동은 전혀 공덕을 짓는 원인이 아니었기 때문에 그런 말을 한 것이다.

그 당시 중국에 건너온 불교는 이미 초기 부처님의 정법에서 벗어나 철학화 관념화된 불교로 도가적인 중국적 풍토에 의해 변질되고 미신화된 상태였다. 그래서 달마는 미신에 빠져 좋은 원인을 짓지 못하는 중국불교를 보고, 쓸데없는 이론과 미신적 행태를 행하는 스님들을 아무리 많이 먹여 살리고 절과 탑을 많이 짓는다고 하더라도 그것은 세상에 좋은 원인이 되지 못하니 조금의 공덕도 없다고 한 것이다.

지금 불교계 일각에서는 유루공덕 무루공덕이라는 구분에 빠져 세상에 분명히 도움이 되는 좋은 원인도 유위적 공덕이니 집착하지 말라 하고, 선업도 악업도 모두 다 업에 해당되니 모두 다 벗어던져야 한다는 식으로 말한다.

그러나 무루는 부처님의 경지이니, 중생들이 알지도 못하는 부처님의 무루 경지를 흉내내어 분별심을 버리고 함부로 행동하는 것은 관념에 빠진 어리석은 행동이다.

불법의 요체는 실상을 보는 분명한 시각으로 옳고 그름을 가려 좋은 원인을 짓는 데 있다. 그래서 모든 부처님은 모든 악은 짓지 말며 모든 선은 받들어 행하라고 했던 것이다.

세상에는 완전한 진리가 있다. 그것은 지은 대로 받는 법이다. 좋은 원인은 세상을 이치대로 흐르게 하고 인간을 해탈에 이르게 한다. 이것을 실천하는 것이 바로 공덕행이다.

깨달음의 실체

　인류 역사에는 어둠을 헤치고 우주의 실상과 인간의 길을 확연히 밝히신 몇 분의 성자가 계셨다. 그분들이 밝히신 진리의 빛이 있었기에 인류문명은 삶의 기준을 찾고 인간의 의미와 가치를 추구하며 살 수 있었다.

　그러나 지금은 다시 진리의 빛이 희미해진 관계로 인류는 온갖 혼란과 무의미 속을 헤매고 있다. 쾌락을 향한 인간의 욕망은 그칠 줄 모르며 현대문명은 브레이크 없는 열차처럼 혼돈과 절망의 낭떠러지로 서슴없이 질주하고 있는 것이다.

　현대문명의 이러한 한계는 성자들이 밝히신 진리의 빛을 외면하고 중생들의 근시안적인 지식을 과신한 인간의 어리석음 때문이다. 지금 현대 지식인은 이 우주가 우연히 생겨난 먼지덩어리에 불과하며 성인들의 가르침은 확인할 수 없는 추상적 관념에 지나지 않는다고 주장한다.

　과연 성자들은 전설상의 인물이며 그분들의 깨달음은 관념에 불과한 것일까? 이 문제는 진리의 빛을 찾아 헤매는 불확실성의 시대에 매우 중요한 쟁점이므로 깨달음의 진실과 그 실체를 밝힘으로써 어둠 속을 헤매고 있는 구도자들에게 분명한 길을 제시하려고 한다.

깨달음이란 무엇인가? 여기에 대해 역사적 증거가 흔치 않으니 명확히 답을 하기가 어렵다. 더구나 4대 성인 이후 선가에서는 수많은 각자들이 나왔다고 하고 인도 요기들도 자칭 타칭 깨달았다고 한다.

그러나 깨달았다고 한다면 그 증거가 있어야 한다. 진리의 빛이 있으면 그 주위가 밝아져야 하는 것이 당연한 이치이다. 그러나 세상은 날로 어두워지고 인심이 악해지는 것으로 봐서 세상에 진리의 빛이 나타난 적이 없으며, 따라서 그들의 깨달음은 진실되지 않음을 알 수 있다.

그러나 우리들은 부처님의 깨달음은 진실했다고 이의없이 말한다. 부처님은 정각을 얻었기에 어둠과 무의미 속을 헤매는 중생들에게 우주의 실상과 이치를 밝혔으며 인간이 가야 할 참된 길을 제시했던 것이다.

깨달음이란 다른 말로 해탈했다고 표현한다. 해탈했다고 하는 말은 마음속에 있는 모든 업을 지워버리고 우주의 근원과 같이 맑고 신성한 불성을 이루었다는 것을 의미한다. 그래서 맑은 마음 거울 위로 세상일이 완전히 비쳐 그 속에 흐르고 있는 원인과 결과를 모두 알게 되는 것이다. 그리고 마음을 가리고 있던 업이 모두 사라져 모든 충동에서 벗어나 완전한 평안과 자유를 얻게 된다. 그래서 깨달음을 얻게 되면 모든 번뇌와 망상이 사라지고 오욕에서 멀어지며 세상의 일을 있는 그대로 바로 보게 되는 것이다.

그러면 어떻게 해야 업을 지울 수 있는가? 업이란 수많은 생을 돌면서 잘못된 삶으로 자신의 영혼 속에 지어진 어둠을 말한다. 따라서 이것을 지우기 위해서는 다시 밝은 삶으로 지난 어둠을 극복할 수 있는 좋은 원인을 쌓아야 한다. 마치 깨끗한 물을 계속 부어 고여있는 더러운 물을 씻어내듯이 계속된 선행으로 어두운 업을 씻어내고 결국 맑은 마음을 얻게 되는 것이다.

세상에는 두 가지 길이 있다. 하나는 자연의 뜻과 흐름에 따라 완성으로 향하는 길이며 다른 하나는 자연의 흐름을 거슬러 소멸하는 길이다. 하늘은 인간에게 동물과 같이 욕망으로 사는 길에서부터 인간완성에 이르는 길까지 모두 제시해놓고 인간에게 선택할 권리를 주고 있다.

깨달은 자는 이 두 가지 길 중 인류와 진리에 대한 지극한 사랑으로 완성의 길을 걸어감으로써 자신의 마음을 정화하여 완전한 마음을 이룬 것이다. 즉 인간완성이란 사람이 하늘의 뜻에 따라 인간의 본질에 가장 충실하게 살아감으로써 그 열매를 맺는 것이다. 따라서 삶과 동떨어진 수행으로는 결코 인간 농사를 지을 수 없다.

그런데 요즘에는 말법의 영향으로 기술적인 명상을 수행의 본질로 생각하여 단순히 바른 삶으로서는 마음자리를 찾을 수 없으며 현실에서 벗어나 특별한 수행을 해야 만이 도를 이룰 수 있다고 주장하는 사람이 많다.

그러나 이것은 본말이 전도된 주장이다. 마음은 갈고 닦아서 맑고 깨끗한 마음을 얻는 것이지 본래부터 있는 마음을 찾는 것이 아니다. 인생은 보물찾기가 아니라 진지한 삶의 농사인 것이다.

따라서 현실에서 진리에 따라 올바르게 살아가는 삶이 곧 수행인 것이지, 삶을 떠난 다른 수행이란 존재하지 않는다. 그래서 부처님도 당신의 깨달음은 수행이나 명상에 의한 것이 아니라 수많은 생을 돌면서 세상을 뒤덮을 만한 공덕을 쌓았기에 비로소 이생에서 깨달음을 얻게 되었다고 명백히 선언하신 것이다.

이와 같이 세상을 사랑하고 진리를 실천하는 공덕행 속에 마음을 닦는 큰 비밀이 있다. 사람은 하늘이 내리신 양심에 따라 세상을 위해 열심히 노력하게 되면 여러 가지 어려움에 부딪히게 되는데 이러한 어려움은 말세일수록 더욱 크게 다가온다.

그러나 불굴의 용기와 밝은 마음이 있어 이러한 장애를 극복하고 진리를 실천하면 그 과정에서 사랑의 불이 일어나 애가 타고 업이 녹는다. 그래서 큰 장애를 극복할수록 인간은 더욱 위대한 영혼을 지니게 되며 완성에 가까워지는 것이다.

그래서 마음속에 쌓여있던 모든 업이 사라지면 우주의 뜻에 따라 저절로 반야지경에 들게 되며 깨달음을 증득하게 된다. 반야심경에 나와 있듯이 모든 제불보살의 깨달음은 오직 반야지경을 체험함으로써 증득하게 되는데, 올바른 삶으로 마음에 먼지가 사라지고 인간완성의 경지가 되면 명상을 하지 않아도 저절로 반야지경으로 들어간다. 완성된 차원에 이르게 되면 저절로 우주의 근원과 합일하도록 만들어 놓은 것이 하늘의 완전한 질서이며 약속인 것이다. 그래서 수천 년에 한 번씩 나타나는 성자들은 자신이 지은 공덕으로 열매를 맺어 우주의 조화에 의해 스스로 나타난 것이지 스승에게 배우거나 명상을 익혀 나타난 것이 아니다.

이러한 반야심을 얻게 되면 더 이상 일어날 먼지가 없기에 행주좌와 어묵동정 간에 항상 맑은 마음을 유지하며 업과 환상에 휘둘리지 않는다. 그리고 우주의 근원과 같이 맑은 마음에 세상만사가 있는 그대로 비쳐 그 속에 있는 모든 진리를 보게 되는 것이다.

깨달은 자가 세상 속에 있는 일들을 있는 그대로 보고 그 속에 스며있는 원인과 결과의 이치를 깨닫는 것은 일반인들과 같은 감각이나 사유로 보는 것이 아니다. 깨달은 자의 마음은 이미 인간의 마음을 벗어나 우주의 근원과 같은 불성이 되었기에 인간의 감각을 초월한 불성(신성)으로 우주와 합일하여 비춰보는 것이다.

조용히 반야에 들어 세상의 일을 보면 산 것도 죽은 것도 아닌 물아일여(物我一如)의 상태가 되고 그 맑고 깨끗한 반야심에 세상의 진실과 이치가 비치는 것이다. 이것이 바로 깨달은 자가 우주의 실상과 진리를 밝히는 비밀이다.

그러면 성자들이 본 진리는 무엇인가? 그분들은 중생들과는 달리 완전한 시각으로 우주의 실상을 본다. 일반인들이 60% 정도의 시각으로 세상을 본다면, 깨달은 분은 100%에 가까운 시각으로 우주의 실상을 보는 것이다.

그래서 똑같은 현실을 보아도 일반인들은 악이 선을 이기는 세상을 보고 세상이 무의미하고 혼란스럽다고 하지만, 성자들은 악한 사람들이 마음속에 쌓인 애착과 탐욕으로 삶이 불안하고, 죽어서는 유계를 헤매며 미물로 떨어지는 과보까지 다 보시기 때문에 세상일이 완전하다고 말씀하는 것이다.

깨달은 자와 중생의 시각은 장님과 눈을 뜬 사람 정도의 차이가 있다. 중생들은 세상의 진실을 보지 못하기 때문에 눈앞에 있는 것을 물어도 알지 못한다. 그래서 부처님은 중생을 장님과 같다고 했던 것이다. 장님들은 아무리 많이 있어도 눈을 뜬 한 사람이 본 것을 다 알지 못한다. 따라서 세상의 지식인이 다 모여도 깨달은 자와는 대화가 되지 않는다.

깨달은 자는 항상 안다고 하는 자에게 그가 안다고 하는 일의 실상을 묻는다. 그러나 현실에 나와 있는 모든 지식은 실상을 본 것이 아니라 상상이나 가정, 혹은 전해들은 이야기에 생각을 붙인 것이기 때문에 중생들은 여기에 대해 분명한 답을 할 수가 없다. 이것이 현대지식의 정체이니, 그래서 눈을 뜬 자가 세상일의 실체를 물으면 아무 대답도 하지 못하는 것이다.

그래서 현대과학은 현상 속에 존재하는 완전한 순환과 인과의 이치를 보지 못하기 때문에 왜 진리가 존재하는지, 왜 인간이 올바르게 살아야 하는지, 삶의 기준과 인간의 의미가 무엇인지에 대해 답을 하지 못하고 현대문명을 혼란 속에 빠뜨리고 있는 것이다.

그런데 요즘 사람들은 여러 성자들이 본 우주의 실상과 진리 사이에 많은 차이가 있어 그 진실성이 의심된다고 생각한다. 그 이유는 무엇일까? 그 까닭은 첫째, 문화적 배경 차이로 진리에 대한 가르침이 달리 표현되었기 때문이며 둘째, 성자들의 가르침이 경전이 만들어지기까지 이삼백 년 동안 구전되면서 진리의 실체를 모르는 제자들에 의해 왜곡되었고 셋째, 가장 중요한 이유는 인류사에 나타난 성자들의 깨달음의 정도가 다 달랐다는 사실이다.

깨달음이란 다른 말로 해탈했다고 표현한다. 해탈이라는 말은 마음 속의 모든 업을 지워버리고 우주의 근원과 같이 맑고 신성한 불성을 이룸을 말한다

　인류 역사에는 네 분의 깨달음을 얻은 성자가 존재한다. 석가, 예수, 노자, 소크라테스가 그분들인데, 차이는 있지만 모두 우주의 실상과 완전한 진리의 실체를 보셨다. 이분들이 세상 속에 존재하는 완전한 뜻과 진리의 세계를 본 것은 그 마음이 바른 삶으로 완성되어 해탈에 이르렀기 때문이다.

　인간의 마음에 업이 거의 사라지고 완성에 가까워지면 꼭 해탈에 이르지는 않더라도 그 마음에 우주의 실상이 비치기 시작한다. 이때 진리를 비추는 마음 거울은 업이 사라진 정도에 따라서 맑기가 각각 다르다.

　완전한 해탈을 이룬 분은 항상 여일한 반야지경에 머물기 때문에 언제 어디서나 우주의 실상과 그 속에 있는 이치를 밝히게 된다. 그러나 마음에 업이 완전히 사라지지 않은 분들은 진리가 보이기는 하지만 명확하지는 않다. 그래서 소크라테스는 '나는 내 자신이 모른다는 것을 안다'라고 분명히 말씀하셨고 토론을 통하여 미진한 것을 밝혔던 것이다.

이처럼 인류사에 4대 성인이 나타나 진리를 밝혔으나 그 정도는 모두 같지 않다. 그중 부처님은 스스로 깨달아 모든 것을 다 이루었다고 정각을 선언하셨으나, 예수는 스스로 인자라 칭하였으며 소크라테스와 노자는 깨달았는 말을 하지 않았다. 이분들이 이러한 표현을 쓴 것은 단순한 표현에 그치는 것이 아니라 자신의 실체를 스스로 정확히 알고 있었기에 그러한 표현을 한 것이다. 그래서 부처님의 경지가 가장 완전하다고 말하는 것이다. 그렇다고 다른 분들의 깨달음이 거짓이라는 것은 아니다. 다만 부처님의 깨달음과는 차이가 있었으며 그 명확성에 있어서 차이를 보였던 것이다.

성자들은 누구에게나 당신이 분명히 보았던 진리로 이루어진 뜻의 세계를 이야기한다. 우주가 하나인 이상 실상도 하나일 수밖에 없다. 따라서 항상 똑같이 존재하는 진리의 세계와 그 속에 깃든 뜻을 보았다면 그분들은 모두 우주의 진실을 깨달은 성자라 말할 수 있는 것이다. 즉 깨달음의 진위 여부는 그분들의 말속에 우주를 감돌아 흐르고 있는 뜻과 진리의 세계가 있느냐에 의해 결정되는 것이다. 명확성의 차이는 있으나 그분들의 말씀을 보면 한결같이 원인과 결과로 이어지는 우주의 진리와 삶과 내세를 관통하여 흐르고 있는 생명의 질서에 대해 이야기하고 있다.

그리고 성자들의 공통점은 그 마음이 한점 흐림 없는 거울과 같아서 세상일을 있는 그대로 보고 비치는 대로 말한다는 것이다. 그래서 언제나 같은 소리를 하며 없는 것을 지어서 하는 말은 절대 없다. 왜냐하면 그 마음에는 진실밖에 없기 때문이다.

부처님이 평생을 수많은 진리에 대해 설했으면서 아무 말도 한 것이 없다는 것은 바로 이처럼 눈에 보이는 대로 자연 그대로를 표현했을 뿐 생각이나 거짓을 말한 적이 없다는 표현이다. 따라서 성자들은 누구를 만나도 보이는 대로 설명하니 막히지 않고 상대의 실상과 어긋난 관념이나 거짓을 지적할 수 있었던 것이다.

금강경에 깨달음에 관한 진실을 묘사한 구절이 하나 있다. 그것은 바로 여래에 관한 구절이다. "여래는 세상의 있는 일에 대해 말했다. 여래란 있는 일을 참으로 말하는 자이고, 있는 일을 그대로 말하는 자이고, 있는 일을 같게 말하는 자이고, 있는 일을 속이지 않고 말하는 자이고, 있는 일을 다르지 않게 말하는 자이다(如來說一切諸相, 如來是眞語者實語者如語者 不誑者 不異語者)." 이것이 바로 실상을 보는 깨달은 자의 경지이며 깨달은 분들의 진실된 모습이다.

그러나 깨달은 자라고 모든 것을 다 아는 것은 아니다. 성자들이라 해도 자신이 한 번도 보지 못한 일은 알 수가 없는 것이다. 깨달은 자는 눈에 비치는 진실과 그 속에 있는 이치를 보기에 한 번도 보지 않는 미지의 세계와 환상에 대해서는 알지 못한다.

성자에게 세포 속에 미토콘드리아가 어떻게 분열하는지, 자동차가 어떤 원리로 움직이는지 물으면 알 수가 없다. 그러나 같이 실험에 참가해 세포 핵분열을 관찰하고 자동차를 분해해 보면, 그 속에 있는 생명의 이치와 자동차의 구조역학을 금방 알게 된다. 천체물리학이나 생체의학에 대한 지식 등 모든 현대학문과 기술에 대해서도 마찬가지다. 그분들은 우주에서 최고의 컴퓨터이기에 아무리 미지의 혼돈 속에 들어가도 실체를 보면 거기에 내재된 완전한 뜻과 이치를 보게 된다.

　성자들은 업의 충동에서 벗어나 있기에 어떤 현상을 보거나 만나기 전에는 아무 생각도 일어나지 않고 맑은 상태 속에 머문다. 이것이 행주좌와 어묵동정 간에 반야심을 유지하는 경지이다. 이를 일반인이 보면 텅 비어 무지한 상태로 보이지만, 어떤 대상이 들어오면 그 순간 맑은 마음속에는 진실이 비치게 되어 그 이치가 뚜렷이 드러나는 것이다. 그래서 상대와 대화하는 과정을 통해 진실을 밝히고 상대가 거짓된 관념 속에 살고 있다는 것을 깨우쳐 주는 것이다.

　이것은 바로 소크라테스 산파술의 정체이다. 그의 맑은 마음에는 눈에 보이는 것만 보이고 그 이외의 것에 대해서는 아무런 생각이나 환상이 존재하지 않았다. 그래서 상대를 만나기 전에는 그의 지식에 대해 전혀 몰랐지만, 대화를 통해 그 진실을 알게 되고 이치를 깨달아 상대의 허구와 무지를 논파했던 것이다. 이것이 바로 소크라테스가 아무것도 모른다고 말하면서 절대적 진리를 세울 수 있었던 이유이다.

　깨달음의 실체를 파악하는데 성자들의 생전의 모습을 생각해보는 것도 큰 도움이 된다. 요즘 종교들은 성자들을 미화하고 장엄화해서, 그분들이 살아있을 때는 엄청난 위광을 내뿜었으며 가는 곳마다 사람들이 인산인해를 이루고, 그분들의 행적은 기적으로 점철되어 있어서 한번 만나기만 하면 모두 감복을 받아 진리를 받들게 된다는 식으로 가르치고 있다.

　그러나 이것은 진실이 아니다. 이렇게 몸에서 빛이 나고 대환영을 받았는데 그분들의 제자들이 손꼽을 정도이고 가르칠 곳이 없어 세상을 헤매다 비참하게 돌아가셨을 리가 없는 것이다. 석가는 황량한 길가에서 죽었으며 예수는 십자가에 못 박혀 죽었고 소크라테스는 독배를 마셨으며 노자는 말없이 국경 너머로 사라졌던 것이다. 이것이 현실 속에서 환영받지 못한 성자들의 진짜 모습이다. 맑은 물에는 고기가 놀지 않듯이 완전한 진리의 길은 맑고 청정해 탐욕과 애착을 가진 중생은 즐겨 찾지 않는다. 그래서 성자들은 항상 외롭고 힘든 삶을 보내셨던 것이다.

그러면 사람들은 의문을 갖는다. 지금 종교에는 수많은 신도들이 예수님과 부처님의 가르침을 찾고 있지 않느냐고 반문한다. 여기에 현 종교의 비밀이 있다. 성자들이 가르친 진실한 가르침은 워낙 맑고 깨끗해 오직 정신이 맑은 소수의 제자들만이 이를 받아들일 수 있었다. 그러던 것이 수백 년이 흐르면서 가르침이 변질되고 신앙화되면서 종교는 세속화했고 변질된 가르침이 필요한 사람들이 모여들어 자신들의 이익을 위해 종교를 이루게 된 것이다.

그래서 지금 종교에는 성자들이 가르친 바른 이치 대신 우상과 기복과 미신이 성행하고 있고 이를 이용해 성직자들은 배부르고 신자들은 불행해지는 말법 현상이 벌어지고 있는 것이다.

성자들은 항상 어둠과 혼란 속에 살아가는 중생들의 삶을 보고 그들의 무지와 탐욕을 밝히며 양심과 진리의 길을 가르쳤다. 예수는 '주를 외치지 말고 신의 뜻을 행하라' 하셨으며 부처는 '모든 사람은 고귀하니 진리에 따라 바른 원인을 지어라' 하셨던 것이다. 이렇게 성자들은 삶의 진실과 바른 이치를 밝혔지만, 힘으로 세상을 지배하고 있는 어둠의 세력들은 자신들의 죄와 위선이 드러날까 두려워 애써 이들을 모함하고 해치려 했던 것이다.

그러나 성자들은 완전한 진리와 영원한 생명의 길을 보고 모든 집착과 두려움에서 벗어났기에 어떠한 세상의 권력과 위험도 두려워하지 않는다. 그래서 죽는 날까지 세상을 위해 진리를 밝히게 되며 이러한 완전한 자비와 사랑이 인류의 귀감이 되는 것이다.

그럼 일반인들이 오해하고 있는 깨달은 자의 능력에 대해 생각해보자. 경전에 나오는 것처럼 과연 그분들이 진리를 설하면 천상의 신들과 천사들이 와서 찬양하며, 천상과 지옥의 모습을 중생에게 영화처럼 보여 주고, 천리 밖을 보고 만리 밖을 들을 수 있었을까? 물 위에 뜨고 하늘을 날며 물로 포도주를 만들고 빵 한 조각으로 수많은 군중을 먹여 살렸을까?

결론부터 말해 그러한 일은 있을 수 없다. 만약 그러한 능력이 일상적인 것이라면 예수의 제자들이 배고파 풋밀을 훔쳐 먹었을 리가 없으며 하늘을 날아다녔다는 신통제일의 목련존자가 도적에게 맞아 죽었을 리가 없는 것이다. 이러한 이야기들은 나중에 제자들이 전도하는 과정에서 성자들의 가르침을 좀 더 호소력 있게 전하기 위해 만든 신화에 불과한 것이다.

성자들도 인간이고 인간의 몸을 가진 이상 인간의 한계를 벗어날 수 없다. 허공을 날 수 없고 물 위에 뜰 수도 없으며 늙으면 병에 걸려 죽어야 하고 무에서 유를 창조해 낼 수 없다. 그래서 예수는 죽음의 순간에 육체의 한계를 벗어나지 못하고 죽음을 맞아야 하는 자신의 운명에 대해 고뇌했던 것이다.

만약 그분들이 생사를 초월한 자유자재한 초능력과 세상을 창조할 수 있는 능력을 가졌다면 그분들은 지금까지 남아 인류를 구원했을 것이며 오늘날 같이 어지러운 세상을 남겨두지도 않았을 것이다. 세상은 신이나 성자가 움직이는 것이 아니라 세상의 주체인 인간 스스로가 지어가고 있음을 분명히 알아야 한다.

목련존자가 부처님에게 신통을 부려서 가난을 면하자고 하자 부처님은 다음과 같이 말씀하셨다.

"비구에게는 해야 할 일과 해서는 안 될 일이 있다. 바른 생각과 바른 행동을 하면 바른 법이 세상에 오래 머물게 될 것이며, 생각해서는 안 될 일과 행동해서는 안 될 일을 하면 바른 법이 오래 머물 수 없다."(사분율)

즉 길이 아니고 진리가 아닌 것은 행하지 않는 것이 깨달은 자의 삶이다. 아무리 신통이 있어도 이치에 맞지 않으면 행해서는 안 되는 것이다. 즉 세상을 지키는 진리 앞에 신통은 더 이상 용납되지 않는 것이다.

길이 아니고 진리가 아닌 것은 행하지 않는 것이 깨달은 자의 삶이다.

깨달은 자의 진정한 능력은 세상을 마음대로 움직이는 신통력에 있는 것이 아니라 우주의 실상과 완전한 진리를 밝히는 데 있다. 올바른 삶의 이치에 대해 밝히면 사람들은 어둠과 불행에서 벗어나고 세상 전부가 밝아진다. 바른 삶을 알게 된 사람들은 세상을 밝게 만들고 주위를 축복하여 세상 전체를 천국으로 만든다. 따라서 신통으로 한 가지 일을 이루는 것보다 진리를 밝혀 세상 사람들이 이를 이용해 모두 바른 이치대로 살아가도록 하는 것이 천만 배나 큰 공덕이 되는 것이다.

성자들은 중생들이 보지 못하는 완전한 법계의 실상과 진리를 밝혔기에 인류는 어둠에서 벗어나 참된 인간의 의미와 가치를 찾을 수 있었다. 그래서 깨달음 중 가장 큰 힘이 바로 진리를 밝히는 능력인 것이다.

오늘날 부처님의 경지로 대원경지(大圓鏡智), 평등성지(性智), 묘관찰지(妙觀察智), 성소작지(成所作智)와 같은 거창한 개념들이 많이 나와 있다. 그러나 이러한 깨달음의 경지는 부처님이 살아 계실 때는 전혀 없던 말로 후대에 불교가 이론화되고 관념화되면서 나타난 개념이다.

부처님이 모든 업에서 벗어나 깨달음을 얻은 후 하신 일은 우주의 실상과 이치를 보시고 자신과 세상을 구하는 바른 법을 펴신 것밖에 없다. 탁발하여 배를 채우고 인연에 따라 진리를 가르쳤을 뿐 초능력으로 세상을 바꾸는 기적은 행하지 않았던 것이다. 그래서 살아생전 자신의 조국이 망하고 민족이 살육당하는 것을 보면서도 이를 받아들였던 것이다.

그분들은 어둠 속에 묻혀 있는 완전한 우주의 질서와 생명의 길에 대해 처음으로 밝혔으며 인류를 위해 어떠한 고난에도 굴하지 않고 자신의 목숨을 바쳐 노력했다. 성자들이 위대한 것은 바로 이와 같이 진리를 위해 자신을 바칠 수 있는 완전한 용기와 양심이 있었다는 사실이다.

안타까운 일이지만 이러한 진리를 보는 능력은 오직 소수의 깨달은 분들에게만 주어진다. 이것은 피할 수 없는 중생의 운명이며 완전한 하늘의 뜻이다. 만약 모든 사람이 진리의 실체를 볼 수 있다면 사람들은 모두 생명의 질서에 따라 조화있게 살다 갈 것이며 세상은 저절로 질서가 잡혔을 것이다. 그러나 중생들은 눈앞의 이익밖에 보지 못하기에 욕망에 집착하여 온갖 고통 속을 헤매다 동물처럼 허무하게 인생을 마치고 마는 것이다.

그래서 하늘은 깨달은 이를 세상에 나게 하여 진리의 빛과 생명의 길을 전하여 세상을 밝히고 인간의 삶을 구원하는 것이다. 이러한 하늘의 깊은 뜻이 있기에 세상은 완전한 것이며 성자들을 인류의 스승으로 존경하는 것이다.

이 우주에는 신성한 근원으로부터 태어난 수많은 생명의 씨앗이 있으며, 이들은 완전한 인과의 법칙 속에서 잘 지은 것은 완성으로 나아가고 잘못 지은 것은 쭉정이가 되어 소멸하는 과정을 걷고 있다. 그중 우주의 뜻과 이치에 따라 완성의 고리를 돈 씨앗은 마침내 우주의 열매가 되어 다시 신성한 근원과 합일하는데 이러한 열매를 우리는 해탈이라고 한다.

해탈을 증득했다는 것은 곧 이 우주에 태어난 신성의 씨앗이 다시 우주의 근원과 동일한 상태를 이루었다는 것을 의미한다. 그래서 깨달은 이를 천상천하를 통틀어 가장 완전하며 존귀한 분(無上士), 바르고 보편타당하게 아는 이(正編知), 하늘과 인간의 스승이 되시는 분(天人師)이라고 하는 것이다.

인간으로 나서 완전한 깨달음을 얻게 되면 해탈한 영혼은 생사를 자유자재로 하게 되는데, 다시 태어날 경우 깨달은 자로 나게 되며 돌아갈 경우 우주의 근원인 창조의 세계와 합일한다. 이것은 완전한 우주의 근원으로부터 나타난 신성한 씨앗이 열매를 맺었으니 다시 근원과 합일한다는 것은 너무나 당연한 귀결이다.

여기서 중요한 쟁점 중의 하나가 깨달은 이는 윤회에서 벗어나 다시는 돌아오지 않는다는 주장이다. 이러한 주장은 불교가 자칫 오해하기 쉬운 대목 중 하나이다. 만약 이것을 자구에만 매달려 해석한다면 불교는 세상을 무명의 소산인 환으로 보고 인생은 살아갈 가치가 없는 고해로 보는 염세적 종교가 되고 만다.

윤회는 중생의 경우 휘둘려 돌아가지만, 깨달음에 이른 자는 윤회에서 벗어나 자유자재로 자신의 후생을 선택할 수 있다. 그래서 부처님을 칭하는 명호로 가장 많이 쓰이는 여래(如來, tathagata)의 원 뜻은 '가고 옴이 여여하신 분'이라는 뜻이다.

이 우주는 완전성이 계속 순환하는 과정이니, 깨달은 이는 무로 사라지는 것이 아니며 다시 완전한 세상을 짓고 완전한 열매를 맺는 완전한 우주의 율동으로 계속 이어진다. 이것이 깨달음의 실체이다. 그래서 죽어 있는 완전성이 아니라 살아있는 완전성이 나타나게 되는 것이다.

심령현상의 비밀

요즘은 말세라 그런지 매스컴에서 많은 영적 현상을 자랑스럽게 보여주고 있다. 어린아이가 배우지도 않은 승무를 능숙하게 추는가 하면, 병을 고친다는 심령가들이 출연하여 기이한 능력으로 세상의 관심을 끈다. 그러나 그 비밀을 알게 되면 그것은 자랑이 아니라 매우 불행한 현상이니 가슴이 아프지 않을 수 없다.

진실이 드러나면 거짓은 저절로 사라진다. 따라서 오늘날 많이 나타나는 심령현상의 진실을 밝힘으로써 삶의 길을 바로잡고 삶과 죽음의 세계를 분명히 하고자 한다.

지금 세상의 질서를 어지럽히는 원인을 살펴보면 그동안 인류가 지어놓은 어둠과 탐욕의 원인이 크지만, 세상을 떠도는 영들의 한과 집착도 한몫을 한다. 생명의 세계에 있어서 생과 사는 분명히 구별되어야 한다. 완전한 하늘의 뜻은 산 자와 죽은 자의 세계를 분명히 나누어 영적 현상이 이 세상에 나타나지 않도록 기본적으로 구조지어 놓았다. 그러므로 죽은 자의 영혼은 이 세상에 머물지 않고 떠나야 하는 것이 원칙이다.

이 이치를 분명히 알고 심령현상을 보면 생명을 이해하는 시각이 매우 높아진다. 즉 지금 이 세상에 나타나는 영적 현상은 유혼이 헤매는 현상으로 생명의 이치에 벗어나는 일이다. 요즘 사람들은 심령현상을 일으키는 자를 높이 평가하고 있는데, 실상을 알고 나면 이러한 자들은 잘못된 삶으로 유혼과 접촉하여 자신을 불행하게 만든 무지하고 어리석은 자에 불과하다.

왜냐하면 높은 차원의 영혼들은 이 세상에 머물지 않고 높고 신성한 세계로 올라가 이 세상에 영적 현상을 일으키지 않기 때문이다. 높은 차원의 영혼들은 이 세상에 계속 머물면, 끈끈한 생명대의 인력권으로 빨려들어 다시 윤회해야 하므로 현세에 남아 떠돌 이유가 없다. 따라서 높은 차원의 신들이 개인적이고 구차한 사연을 지닌 개개의 인간들에게 나타나 영적 상징을 전하고 뜻을 편다는 것은 있을 수 없는 것이다.

하늘은 완전하여 중생들의 습과 행태가 어떤 것인지를 모두 다 알고 있는데, 구태여 자신을 나타내어 중생들의 감정에 일희일비할 이유가 없다. 높은 차원의 신은 진리로서 자신을 나타내며 완전한 이치로 인간의 행위를 심판하지, 자기를 부르는 사람에게 다가가서 편파적인 도움을 주는 일은 절대 하지 않는다. 따라서 무당이 굿으로 병을 고치는 것과 종교집단에서 안수기도로 병을 고치는 것은 모두 사소한 영적 현상에 불과하다.

이들이 병을 고치는 원리는 하느님이 직접 신성하고 거대한 힘으로 나타나 인간의 몸에 붙은 악마를 처벌하는 것이 아니라 큰 영으로 하여금 작은 영들을 겁주거나 회유하여 그들을 떠나가게 하는 것이다. 이처럼 점이나 사주, 무당, 안수기도, 제사 등에서 나타나는 갖가지 심령현상은 떠도는 낮은 차원의 영들이 일으키는 영적 현상에 불과하며 신성의 뜻과 진리가 작용하는 일은 결코 아닌 것이다.

이처럼 주변에 나타나고 있는 심령현상의 진실을 알게 되면, 우리들이 종교에 대해 갖고 있는 평소의 관념과 실상 사이에 큰 차이가 있다는 것을 알게 된다. 즉 미래를 점치고 영을 부리며 안수기도로 병을 고치는 사람은 특별한 영적 능력을 지닌 선택받은 존재가 아니라 낮은 차원의 유혼들과 영적 접촉을 갖고 있는 잘못된 사람들인 것이다. 이러한 영적 존재와 인연을 맺게 되면 진리와 멀어지고 삶이 어두워지게 된다.

우리가 흔히 보는 영적 현상으로 점이나 사주, 무당에 의한 신풀이가 있다. 그중 사주는 인생과 세상의 흐름을 1에서 10까지 숫자에 대비해 흥망성쇠를 점치는 수리적 논리로 주역에 근거를 두고 있다. 흔히 주역을 완전히 풀면 우주의 모든 이치를 꿰뚫어 본다고 이야기하지만, 생생한 삶의 실상을 숫자로 완전히 해석한다는 것은 절대 불가능하다. 주역이나 사주를 완전히 풀기 위해서는 각 생명체의 몸과 마음의 수리적 차원, 집안 환경의 수리적 차원, 사회적·역사적 환경의 수리적 차원을 한눈에 꿰뚫어 볼 수 있는 혜안을 갖추어야 하는데 이것은 수리적 공부로는 불가능하며 완전한 깨달음을 얻어야만 가능하다. 따라서 현실에서 아무리 역학 공부를 하더라도 우주의 이치를 관통하는 것은 불가능하다.

그래서 주역이나 사주를 공부하는 사람들 중에 욕심많은 이들은 아무리 해도 알 수 없는 우주의 비밀을 풀고자 영의 힘을 빌리러 산

기도를 하러 들어가는 것이다. 그리하여 며칠을 굶고 기운이 허약해져 몸의 보호막이 풀리면 그때를 틈타 신이 침입하게 되는 것이다.

그리하여 신이 몸에 붙으면 눈동자에 신기가 감돌면서 남의 마음을 맞추거나 일반인이 알 수 없는 기이한 소리를 해 돈을 많이 벌게 된다. 이들은 영이 공간의 제약을 받지 않은 특성을 이용하여 남의 마음을 훔쳐보고 과거를 해석해 인기를 끌지만 그들의 소리는 유계를 헤매는 병든 영들이 환상 속에서 보고 들은 것에 불과하므로 그 속에는 바른 이치와 삶의 길이 없다. 영은 잘못된 삶으로 이승을 헤매는 귀신에 불과하므로 결코 세상의 일을 바로 보지 못하며 진리를 알려주지 못하는 것이다. 만약 영들이 인류에게 진리를 전하고 세상을 올바르게 이끌어주었다면, 그렇게 많은 영들이 나타나 계시를 한 이 세상이 이토록 어두울 리가 없는 것이다.

따라서 점이나 사주 그리고 작명을 믿으면, 그 속에 깃들여 있는 어두운 영의 영향을 받아 좋지 않은 운명을 띠게 된다. 그러므로 좋은 운명을 얻기를 원하는 자는 훌륭한 삶을 살아온 분에게 작명을 부탁하거나 인생의 교훈을 구하는 것이 현명한 일이다. 올바른 삶을 살아온 분들은 눈앞에 보이는 사실 속에서 가장 이치에 맞는 생활을 해온 지혜와 덕성을 갖추고 있기 때문이다.

심령현상이 야기하는 더 큰 문제는 죽은 유혼이 산 자와 섞이면 생사의 혼동이 일어나 생명의 세계에 이상이 생긴다는 것이다. 오늘날 많은 경우 유혼이 산 사람의 몸 속으로 스며들어 그 의식을 조종하고 있다. 유혼들은 떠돌아다니는 생활이 너무 고통스럽기 때문에 산 자의 몸 속에 들어가 편히 지내며 자신의 한과 욕망을 풀려고 하기 때문이다.

　대개의 경우 영들은 부지불식간에 인간의 몸으로 들어와 의식에 영향을 주며 이상한 현상을 일으킨다. 따라서 영이 스며든 본인은 이를 잘 느끼지 못하나 주위 사람이 보면 확연하게 달라진 것을 느낀다. 매일 종교집단에 나가 철야기도로 밤을 세워도 기운이 넘치고 이상한 영적 현상을 보며 무엇인가에 쫓기는 듯한 불안한 모습을 보인다. 이들은 어두운 영들이 이성을 가린 상태이기 때문에 비정상적인 행동도 서슴없이 저지르게 되는데 지하철이나 역에서 부끄러운지도 모르고 큰소리를 외치는 자들은 바로 이와 같이 영에 의해 조종되는 상태이다.

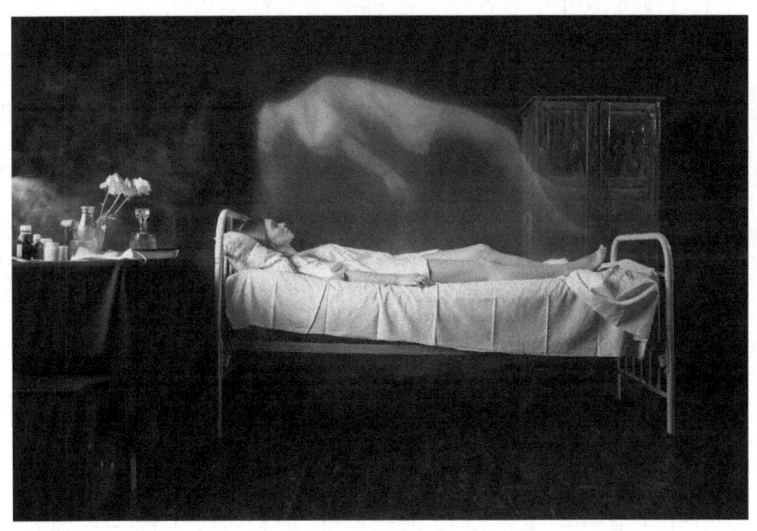

영적 현상은 유혼이 헤매는 현상으로 생명의 이치에서 벗어나는 일이다.

이러한 영들 중 탐욕스럽고 집착이 강한 악령들은 기회를 엿보다가 빙의된 몸이 자기의 마음을 지킬 수 없을 만큼 허약해졌을 때 자신을 나타내어 대접을 요구하며 괴롭힌다. 큰 병을 앓거나 정신을 잃고 쓰러졌을 때 금식기도나 고행으로 몸이 극도로 쇠약해졌을 때 신이 들리는 이유도 바로 여기에 있다. 그리하여 산 자를 괴롭혀 자신을 받아들이게 하고 접신 의식을 치른 후 그 정신을 완전히 접수하게 되면 몸을 편하게 해주고 자신의 종으로 부리는 것이다. 오늘날 우리나라 종교집단에서 영적 현상이 많이 일어나는 이유도 이처럼 백일기도나 금식기도와 같이 몸을 허약하게 만들어 유혼을 받아들이게 하는 우매한 관행이 계속되기 때문이다. 따라서 영이 든다거나 무당이 된다는 것은 유혼에게 자신의 영혼을 바치는 일이니, 자신의 영혼을 농사짓기 위해 살아가는 인간에게 있어서 접신 현상은 매우 불행한 일이다.

산 자와 죽은 자가 함께 있으면 되는 일이 하나도 없다. 더구나 영이 하나 집안에 들어오면 그와 인연있는 영들이 같이 따라 들어오기 때문에 그 집안에는 우환이 끓고 불행이 겹치게 된다. 영은 삶의 이치를 몰라 헤매는 중생에 불과하기 때문에 인간의 일을 방해하는 것은 쉽지만 좋게 하기는 힘든다. 따라서 무당이나 사주, 작명, 종교집단의 영적 현상은 가급적 멀리하는 게 좋다. 그러면 심령현상과 멀어지고 마음이 맑아져 자신의 행동을 자기 의지와 이치에 따라 행할 수 있게 되는 것이다.

또 하나 언급하고 싶은 것은 유혼들이 생에 대한 집착으로 세상에 자신을 나타내는 일이다. 이것은 생명의 이치에 어긋나는 일로서 유혼은 결코 세상에 자신의 형체를 드러내서는 안 된다. 왜냐하면 그러한 귀신 현상은 삶의 결실로 지어놓은 영혼의 한정된 기운을 고갈시키기 때문이다. 이것은 마치 콩을 잘 갈무리했다 심으면 온전한 콩이 나지만, 기름을 짜내고 심으면 상하여 싹을 피우지 못하는 것과 같은 이치이다. 따라서 세상에 자주 나타나는 귀신은 자신의 근기를 보존할 수 없게 되고 영혼이 피폐해져 지옥의 고통과 나쁜 후생을 받아 소멸하게 되는 것이다.

그래서 높은 차원의 영들은 자신의 진기를 모두 소모해버릴 현생에서의 영적 현상을 일으키지 않고 이승을 떠나는 것이며, 오직한과 집착에 사로잡힌 불행한 유혼들만이 생사의 이치를 모르고 마치 살아있는 듯 함부로 행동하기 때문에 심령현상을 나타내는 것이다. 그러므로 세상에 나타나는 대부분의 심령현상은 세상에 집착이 남아 떠돌아다니는 어리석은 유혼들의 부끄러운 장난에 불과한 것이다.

이와 같은 영적 현상이 많이 일어나는 것은 진리가 사라진 세상, 국민정신이 망해버린 나라에서 많이 나타나는 공통된 현상이다. 역사적으로도 심령현상이 많이 나타나는 나라는 반드시 불행해졌다. 이스라엘이 그랬고 인도가 그랬으며 몽고도 그랬다. 세상의 발전은 항상 인간성을 간직하고 사실에 밝은 순수한 민족이 이룩해 내는 것이다.

말세에는 풀잎에 이슬처럼 영이 많다.

지금 세상에는 산 자들보다 더 많은 유혼이 떠돌고 있다. 지난 20세기에 인류는 두 차례의 세계대전으로 인한 참화와 식민지에 대한 대살육, 탐욕과 동물성의 폭발 등으로 인간이 건너서는 안될 강을 건너버렸다. 그리고 물질 자본주의의 환상과 탐욕에 젖은 사람들은 대부분 죽어도 저세상으로 떠나지 못하고 한과 집착으로 이승을 떠돌고 있다. 그래서 말세에는 영들이 풀잎에 이슬처럼 온 세상에 가득 찬다는 말이 있는 것이다.

이 시대를 살아가는 사람들이 가장 경계해야 할 일은 바로 인간의 정신을 오염시키는 영적 접촉이다. 한 개인의 정신 속에 다른 영혼이 들어오면 그는 자신의 맑은 의식으로 살아가지 못하고 안개가 낀 듯이 희뿌연 어둠에서 이중적인 사고와 행동을 나타내게 된다. 마음을 닦아 좋은 영혼을 얻는 것이 인생의 목적이라고 한다면, 영이 들어와 마음을 정복해 버리면 닦을 마음조차 없기 때문에 인생에 있어서 이

보다 불행한 일은 없는 것이다.

영이 일단 사람의 몸 속으로 들어오면, 그 사람은 유혼의 노예가 되어 평생을 영의 집착과 한을 풀어주다가 자신의 인생을 낭비하게 되고 종국에는 자신도 같은 한에 얽매여 같은 귀신이 되어 버린다.

그러나 아무리 환경이 어렵고 불구라 할지라도 고난을 잘 극복하고 바른 마음을 지켜 영혼을 잘 기른다면 남보다 더 좋은 영혼을 거둘 수 있다. 하지만 다른 영에 의해 지배되어 평생을 다른 유혼의 한풀이나 해준 사람은 자신의 영혼마저 망치게 되는 것이다.

사람이 남에게 상해를 입히는 것은 일시적으로 육체를 손상시키는 것에 그친다. 그러나 한 인간의 영혼이 다른 유혼에게 감염되면 그 영혼마저 망치게 됨으로 끝없이 돌며 완성으로 향하고 있는 생명의 종자마저 끊어버리게 된다. 이처럼 오늘날은 인간을 진리로 이끌어야 할 종교가 오히려 인간을 영적으로 오염시키는 역할을 하고 있으니 말법시대라 하는 것이다.

오늘날 종교집단에 유혼이 들끓고 심령현상이 만연하는 이유는 진리를 가르친 성자들의 정법이 사라지고 왜곡된 가르침과 영적 환상이 득세하고 있기 때문이다. 따라서 신자들은 살아생전 존재하지 않은 환상과 기적을 믿고 살다가 소망을 이루지 못하고 죽자, 그것이 한이 되어 죽어서도 저세상으로 떠나지 못하고 계속 사후의 구원을 바라며 그곳에 머물고 있는 것이다.

그래서 죽은 신자들의 영혼은 자신의 집착과 한을 생전에 자신이 활동했던 곳에 가서 풀려고 하고 있다. 기독교 신자는 교회로 몰려들고, 불교 신자는 절로 몰려들며, 토속 혼령은 무속인에게 모여들어 지금 종교집단에는 수많은 영이 우글거리며 심령현상을 부지기수로 일으키고 있다. 그래서 오늘날에는 영에 가장 감염되기 쉬운 곳이 종교집단이라는 이율배반적 현상이 나타나고 있는 것이다. 특히 요즘 이상한 영적 현상을 자랑하며 세를 팽창하고 있는 신흥종교나 수행단체의 경우 대부분의 신자들이 영에 접해있으며, 절이나 교회에 다니는 사람들에게서도 영의 흔적이 많이 나타나고 있다.

이들은 얼굴이 창백하거나 검게 변하고 머리가 자주 아프며 신체에 이상 현상을 호소하며 이중인격 현상을 보인다. 영이 들어와 의식이 두 개인 사람을 이중인격자라고 하는데, 이들은 두 개의 의식이 충돌질하는 대로 행동하기에 상이한 행동을 괴팍하게 나타내는 정신분열 현상을 보이는 것이다.

그리고 오늘날 많은 병이 병원에 가면 의학적으로는 아무 원인이 없는데 까닭 없이 아픈 증상이 나타나는 경우가 많다. 이것은 거의 대부분 유혼이 사람 몸에 붙어 나타나는 현상이다. 죽은 자의 기운이 산 자의 몸에 붙으면 생기와 다른 이질적인 기운으로 말미암아 신체에 통증을 가져오거나 정신 이상을 가져온다.

오늘날 신흥종교가 성행하고 있는 가장 큰 이유도 바로 그곳에 영의 힘이 작용하기 때문이다. 신흥종교에서 작용하는 유혼들은 생전에 자신이 집착한 환상과 집착을 풀기 위해서 계속 주위에 있는 영과 사람을 감염시키며 자기 집단으로 끌어당긴다. 그래서 영에 오염된 신자들은 영의 작용에 의해 그 집단에 가고 싶어지고 자주 안 가면 몸이 아프고 불안해지며 궂은 일이 생겨 점차 무리가 기하급수적으로 커지는 것이다.

모든 종교인들은 자신의 종교가 하늘의 뜻에 의해 나타난 유일무이한 진리이며 그곳에서 나타나는 심령현상은 자기 종교에만 베푸는 특별한 배려라고 생각한다. 그러나 특정 종교에서 지내는 천도제나 신흥 개신교의 성령현상, 미국의 몰몬교의 영적 환상 등은 영적 이치에서 보면 모두 동일한 차원에서 일어나는 심령 현상에 불과하다.

좋은 예로 황진이를 사모하다 죽은 총각의 상여가 바닥에 붙어 떨어지지 않았다는 고사와 육조대사의 발우와 가사를 도적이 훔쳐가려 하자 땅에 붙어 떨어지지 않았다는 고사가 있다. 일반인이 볼 때는 이 둘은 하나는 깨달은 선지식의 경지요, 다른 하나는 우매한 중생의 남녀상열지사로 매우 다르다고 생각되겠지만 영의 이치에서 볼 때 이 둘은 모두 유혼이 작용하는 동일한 심령현상에 불과하다. 이처럼 자연의 원리에는 예외가 없다. 그래서 육조대사가 깨달은 자가 아니라 영이 든 자라는 증거가 나타나고 있는 것이다.

우리는 종교를 믿고 나서 마음의 평안을 얻었다는 말을 많이 듣는다. 그러나 그것이 올바른 진리의 실천으로 자신의 문제를 해결하여 편안함을 얻었다면 바람직한 일이겠지만, 문제를 묻어두고 신에게 자신을 맡겨 편안함을 얻었다면 그것은 크게 잘못된 일이다. 사람들은 하느님이나 성자(예수나 부처님)가 자신의 짐을 받아주기 때문이라고 생각하지만, 우주의 이법에서 볼 때 하늘은 중생의 사사로운 요구에 일일이 반응하지 않는다.

따라서 문제는 풀지 않은 채 종교에 귀의하여 편안함을 얻었다는 것은 마치 술이나 마약을 통해 자기를 잊고 편안함을 얻는 것과 같다. 이는 영에 의한 일시적인 마취상태로서 일종의 자기 상실 상태이다. 이러한 잘못된 가르침과 영적 감염에 의한 자기왜곡이 있기에 사람들은 현실을 바로 보지 못하고 광신적인 종교 행태를 보이는 것이다.

문제는 현실 속에서 그 원인을 직접 해결해야만 풀리는 것이지 외면해서는 절대 스스로 풀리지 않는다. 만약 신에게 의지하여 구원을 얻을 수 있다면, 왜 성자들은 그 당시 사람들이 광신적으로 신을 믿고 있음에도 불구하고 더 열심히 신을 믿으라 하지 않고 그들의 위선을 꾸짖으며 올바른 진리와 인간의 길을 실천하라고 외쳤겠는가?

신에게 귀의하여 자신을 잊는 것은 일시적으로 편안함을 얻을 수 있겠지만 문제를 근본적으로 해결하는 일은 아니다. 자신을 망각하면 망각한 순간에는 모든 것이 해결된 것 같지만, 현실로 돌아오면 또다시 잠재된 문제에 부딪혀 더 큰 불안과 고통을 겪게 된다.

오늘날 대부분의 종교인들은 이런 함정에 빠져있다. 그들은 절이나 교회에 가면 편안한데 현실에 부딪히면 다시 고통과 불안이 엄습한다며 절이나 교회에 매여 사는 악순환을 되풀이한다. 그래서 종교 집단은 날로 번성하는데 개인은 더욱 황폐화 되는 것이다. 마르크스주의자들은 이러한 문제점을 정확히 파악하여 종교를 아편이라고 했던 것이다.

각 종교집단에서는 자신들의 종교에서 일어나는 영적 현상은 세상에서 가장 올바르고 신성한 현상으로 하늘의 뜻을 그대로 전하고 있다고 주장하지만, 종교집단에서 그토록 많이 나타나는 성령 현상이 왜 국가적으로 중요하거나 큰일을 하는 자에게는 안 나타나고 인생에 실패한자, 사업에 실패한 자, 병약한 자에게만 주로 나타나는지 깊이 생각해보아야 한다.

각 종교집단에서는 자신들의 종교에서 일어나는 영적 현상은
세상에서 가장 올바르고 신성한 현상으로 하늘의 뜻을 전하고 있다고 주장한다.

그 이유는 심령현상을 일으키는 영들은 세상을 떠도는 낮은 차원의 영이기 때문에 자신의 기운으로 점령할 수 있는 허약한 기운과 어두운 의식을 가진 자에게 나타나기 때문이다. 사회에서 큰일을 하는 맑고 강한 기운을 가진 사람에게는 영적 현상이 나타나지 않고 있다는 사실은 그러한 것이 밝은 기운이 아니라는 증거이다.

하늘의 완전한 뜻과 진리는 오직 깨달음을 얻은 성자들의 맑은 마음을 통해 밝혀지는 것이지, 인생에 실패하고 마음이 흐리며 기운이 허약한 자들을 통해서 성령으로 나타나는 일은 없다.

어둡고 혼탁한 세상에서 진리는 인기를 끌지 못한다. 진리를 받아들인다는 것은 자신의 무지한 고정관념과 삿된 욕망과 이기심을 버린다는 것을 의미하기 때문이다. 따라서 욕망에 물든 어두운 중생들이 탐심을 버리고 진리를 찾을 리가 없는 것이다. 성자들이 살아 생전 진리를 찾는 사람이 없어 그토록 힘들게 사람을 찾아 헤맨 이유도 영적 현상이나 기적을 이용하지 않고 세상 사람들이 귀찮아하는 바른 이치와 정직하게 사는 힘든 인간의 길을 가르쳤기 때문이다. 이러한 숨겨진 진실을 바로 알아야만 세상을 바로 볼 수 있는 눈이 생기며 자신의 삶을 올바르게 지을 수 있다.

요즘은 권력과 재물이 있는 곳, 대중오락과 신흥종교 등에 사람들이 많이 몰리고 있다. 그러나 사람들이 많이 몰린다고 해서 그곳에 올바른 가치와 진리가 있는 것이 아니며 오히려 반대인 경우가 더 많다. 왜냐하면 사람들은 자신들의 탁함으로 인해 이치가 있는 맑은 곳보다는 어둡고 환상적인 곳을 더 좋아하기 때문이다. 그래서 중생들이 몰리는 곳을 살펴보면 그곳에는 항상 탐욕과 쾌락, 허영과 요행, 영과 환상이 가득한 것을 알 수 있다.

부처님께서는 이를 미리 보시고 진리도 오래되면 변질될 수밖에 없다는 이치를 말씀하시면서 진법 500년, 상법 1,000년, 말법 1,000년이라고 하셨던 것이다. 오늘날의 세태를 살펴보면 겉으로는 과거와 비슷해 보이지만 그 내용은 모든 것이 거꾸로이며 시간상으로도 부정할 수 없는 말법시대라는 것을 알 수 있다.

진실을 알게 되면 해야 할 일이 많다. 학문과 과학은 새로운 기준을 찾아야 하고 종교는 왜곡된 진실을 밝혀 하나의 이치와 모습으로 통일되어야 하며 진실에 반하는 세상의 모든 현상을 바로잡고 참된 인간의 의미와 가치를 재확립해야 하기 때문이다.

이 일은 매우 어렵고 불가능해 보이지만 오직 이 길만이 인간이 가야 할 유일한 길이다. 왜냐하면 세상은 하나이고 그 속에 있는 진실도 하나이며 인간의 길도 하나이기 때문이다. 비록 세상에서 환영받지 못하는 길이지만 세상을 구할 수 있는 유일한 길은 오직 진리뿐이다.

기를 처음 배우려는 분들에게

살벌한 자본주의와 물질문명에 둘러싸여 사는 현대인들은 바쁜 와중에도 참된 가치와 인간의 의미를 찾는 내면의 요구에 의해 정신적 공허함을 느낀다. 그래서 요즘 동양의 신비나 정신적 가치를 추구하고 기수행에 관심을 갖는 사람들이 늘어나는 추세를 보이고 있다. 그러나 단순한 정신적인 안정과 건강을 지키려는 소박한 마음으로 기수행을 하기에는 그곳에 너무 많은 위험이 도사리고 있다.

기를 수행하다 보면 여러 가지 기운과 접하게 된다. 천기와 지기, 해와 달, 산과 강과 같이 자연에서 나오는 기운과 생명의 원기와 죽은 자의 사기 등 수많은 기운이 있다.

일반인들은 주로 호흡과 음식을 통하여 생명의 원기를 흡수하며 살고 있는데 이런 기운은 순수하고 느낄 수 없어 무기라고 한다. 따라서 좋은 음식을 먹고 숨을 잘 쉬며 운동을 열심히 하여 무기를 잘 섭취하는 것이 가장 건강하고 표준적인 일반인의 삶이라 하겠다.

기를 수행하다 보면 여러 가지 기운과 접하게 된다. 천기와 지기, 해와 달, 산과 강과 같이 자연에서 나오는 기운과 생명의 원기와 죽은 자의 사기 등

이에 비해 단전호흡은 이러한 순수하고 정상적인 호흡이 아니라, 보다 인위적이고 전문적인 기법을 사용하여 자연 속에 있는 여러 기운을 활용하려고 시도한다. 문제는 이러한 수련을 하면 단순한 에너지뿐만 아니라 영이 결부된 여러 기운과 접하게 되어 육체적, 정신적으로 복잡한 현상을 보이게 된다는 점이다. 좋은 기운을 많이 섭취하면 몸이 좋아지지만, 나쁜 기운을 섭취하면 나쁜 현상이 나타나게 되는 것은 당연한 일이다.

그중 가장 위험한 현상이 죽은 자의 사기가 몸 안으로 들어오는 것이다. 사기는 죽은 자의 의식이 살아 있기 때문에 몸에 들어오면서부터 강한 의식작용을 하여 이상한 행동과 영적 환상을 불러일으킨다. 오늘날 호흡을 익히자마자 강한 효과를 보는 것은 바로 이런 사기가 작용하는 현상이다.

수련 중 들어오는 사기는 대개 과거에 수행했던 경험이 있는 영들이 들어오는 경우가 대부분인데, 이들은 사람 몸에 들어오자마자 과거에 자신이 수행했던 방법을 산 자의 몸에 시행한다. 수행자가 의지도 하지 않은 기무를 추든가, 이상한 신체 현상을 일으키는 이유는 대개 죽은 자의 의식이 산 자의 몸에 작용하기 때문이다. 사람은 의식의 주인으로 자신이 마음먹은 대로 몸을 움직이는 것이 원칙이다. 따라서 자신이 의도하지도 않았는데 몸이 움직이고 춤을 춘다는 것은 이미 다른 의식이 들어와 작용하고 있다는 뜻이다.

그래서 오늘날 기 수행계에는 많은 심령현상이 일어나 심각한 사회문제를 야기하고 있다. 이처럼 기 수행법은 매우 전문적이고 특수하기 때문에 일반인들이 단순한 취미와 건강을 위해 수행하기에는 적합하지 않다. 더구나 기수행에 깊이 빠지면, 각 파마다 여러 가지 주문과 특이한 수행비법이 있어서 더욱 어렵고 위험한 상황을 초래할 수 있다.

기수행 분야는 이처럼 매우 전문적이어서 자신의 전부를 걸고 기와 생명, 의식과 영혼, 진리와 초월의 세계를 다뤄보고 싶을 때에만 도전해야 하는 것이지, 아마추어가 함부로 접근할 분야가 아니다. 그렇다고 해서 기수행이 깨달음을 얻는 정법이라거나 그 속에 진리가 있다는 것을 보장하지 않는다. 기수행법은 아직 해답을 얻지 못한 과정상의 기법이기 때문이다. 지금까지 역사상에 기수행을 통해 깨달음의 빛을 비춘 이는 아무도 없다.

결론적으로 기수행이란 위험한 생명현상이 나타나는 전문적인 수행기법으로, 단순한 운동으로 생각하여 함부로 수련해서는 안 된다.

아직 해답이 나오지 않은 미완의 기법에 젊음과 정열을 쏟아 자신의 소중한 인생을 낭비하는 것은 경솔한 일이다.

단전호흡의 실제와 허상

요즘 기수행 속에 엄청난 동양의 신비와 진리가 들어있을 것이라는 환상이 번져 우후죽순처럼 수많은 수련단체가 생겨나고 있다. 각 단체에서는 기수행을 하기만 하면 능력을 얻고 도를 깨닫는 것처럼 선전하고 있어, 많은 젊은이들이 아까운 시간과 정열을 기수행에 바치고 있다.

그러나 선전과는 달리 기수행은 삶의 문제를 해결해주는 바른 진리를 제시하지 못하고 있으며 오히려 여러 가지 부작용을 낳고 있다. 각 수행단체에서는 정체불명의 특이한 수행법을 제시하면서 자기 단체만이 정법을 이어받았고, 많은 사람들이 양신을 이루어 신선이 되었다고 말한다. 그러나 그들의 말과는 달리 아직 완성의 경지에 도달했다고 나서는 사람은 아무도 없으며 깨달음을 얻어 진리를 밝힌 경우도 없다.

기껏해야 세부적인 수행기법만 복잡하게 늘어놓으며 이렇게 하면 완성에 이를 수 있다고 말만 할 뿐 그 수행법이 과연 세상을 밝히고 완성을 이르게 하는 정법인지에 대해서는 증명하지 못하고 있다. 그래서 이들의 말을 믿고 단전호흡의 환상에 취하게 된 젊은이들은 결과가 증명되지 않는 기법에 아까운 젊은 시간을 투자하며 기약 없는 수행에만 매달리고 있는 것이다.

게다가 이따금 들려오는 기 수행계의 소식은 끔찍하기까지 하다. 단에 대해 많은 글을 쓴 ○○○씨는 정신이 이상해졌다는 소문이 들리고, 의 창시자인 ○○ 선생은 몸이 상해 30대에 돌아가셨다 하며, ○○ 창시자인 ○○○ 선생은 산 사람이 아닌 영을 통해 수련 방법을 배웠다고 한다.

양기 수련의 권위자인 ○○○씨는 건강을 매우 해쳤다고 하고, ○○○의 ○○선생은 『단』이라는 책에서 환상적인 수행 이야기로 사람들의 마음에 바람만 잔뜩 집어놓았을 뿐 세상을 밝히고 삶을 이끄는 아무런 길도 제시하지 못하고 있다. 현재 가장 정도라고 주장하는 ○○○의 ○○거사마저도 수도를 한다고 산속에 들어가 나오지 않고 있으니, 우리들은 기수행의 허상에만 매달리고 있는 게 아닌지 깊이 반성해 보아야 한다.

이와 같이 평생을 수행하여 말로는 양신과 신선을 논하는 고수들이 아직도 세상을 밝히는 진리를 제시하지 못하고 오히려 병을 앓고 있다면, 그를 믿고 따르는 제자들은 기수행이 얼마나 위험하고 불확실한 것인지 미루어 짐작해야 하는 것이다.

실상이 그러한데 아직도 그곳에 무슨 분명한 진리의 빛이 있는 것으로 생각하고 무조건 이를 따라 수행에 매달리는 것은 어리석은 일이 아닐 수 없다.

삶은 오직 한 번뿐이다. 더구나 젊은 시절은 자신의 인생을 결정짓는 가장 고귀한 시간이다. 공부를 해야 하고 직장을 잡아야 하며 좋은 인연을 만나야 한다. 이 귀한 시절을 놓치면 다시는 자신을 사회의 일꾼으로 자신을 내세울 수 없다. 그러므로 문제가 많고 불확실한 단전호흡에 자신의 모든 것을 투자한다는 것은 매우 경솔한 일이니, 신중하게 결정하고 행동해야 한다.

지금 기수행 단체에는 영에게 받은 수행법을 함부로 전하는가 하면, 경혈이 막힌 초보자에게 무턱대고 머리를 열어 만성 두통과 접신 현상을 일으키는 등 매우 위험한 일들이 벌어지고 있다. 이런 위험한 실태를 보고도 계속 수행한다면, 그것은 그 단체의 죄가 아니라 자신의 어리석음인 것이다.

이것이 오늘날 단전호흡의 실상이고 수행자가 걸어가야 할 험난한 길이니 눈 있는 자는 현실을 바로 보고 현명하게 행동해야 할 것이다.

주문수련의 정체

　요즘 주문 수련이 깨달음으로 나아가는 최고의 비결처럼 수행계에 유행하고 있다. 이름있는 수행단체치고 주문 수련을 하지 않는 곳이 없는 듯하다. 심지어 불교에서도 다라니라 하여 여러 가지 주문이 있다. 그들은 주문을 외우면, 하늘의 높은 기운이 작용하여 몸과 마음을 완성시키고 번뇌와 재액이 사라지며 지혜와 공덕이 쌓인다고 한다.
　그러나 일반적으로 전해져 내려오는 관념과는 달리 오늘날 주문 수련은 여러 가지 문제점을 불러일으키고 있다. 많은 경우에 영적 접촉을 가져오며, 좋은 원인을 짓는 실천과 무관하여 생활과 멀어지는 원인이 되고 있다. 따라서 지금 세상에 유행하고 있는 주문, 진언, 다라니 등과 같은 만트라 수행이 과연 인간의 몸과 마음을 완성시키는 정법인지 진지하게 다시 생각해보아야 한다.
　주문은 단순한 명호나 뜻이 없는 음으로 구성되어 있어 진리의 요체인 원인과 결과의 이치와 관계가 없다. 그런데 주문을 외우면 어떤 이에게는 반응하여 기운이 들어오고, 어떤 이에게는 반응이 나타나지 않는다. 우리는 여기서 이상한 점을 발견할 수 있다. 그것은 같은 원인이 있으면 같은 결과가 나타나는 자연의 이치에 어긋난다는 점이다.

자연의 이치는 같은 원인을 지으면 항상 같은 결과가 나타나게 되어 있다. 이러한 현상을 진리라고 하는데, 과학도 이러한 불변의 진리를 기초로 성립하는 것이다. 따라서 돌을 던지면 반드시 땅으로 떨어지듯이 주문이 자연의 이치에 맞는 진리라면 같은 주문을 외우면 누구에게나 같은 현상이 나타나야 한다.

따라서 주문이 특정인에게만 반응이 나타난다는 것은 이것이 보편적인 자연법칙이라기보다는 개인적인 정신 현상이라는 것을 의미한다. 즉 어떤 정신적 요소가 작용해 주문을 외우는 사람과 개별적인 영적 반응을 일으키고 있다는 것이다. 다시 말해 주문은 산 자와 죽은 자 사이의 암호로 주문을 외우면 어떤 영적 존재가 나타나 자신과 습이나 욕망이 비슷한 사람을 골라 들어오는 것이다.

이러한 주문 수련으로 들어온 기운은 대부분 의식을 띠고 있기 때문에 이런 기운을 이용하는 수행법들은 다른 정상적인 방법과는 달리 처음부터 독특한 현상을 일으키며 강한 작용을 일으킨다. 그 이유는 이러한 기운은 과거에 수행을 하다 뜻을 못 이루고 한을 품은 채 죽은 유혼이기 때문에 살아생전 자신이 못다 이룬 수행법을 산 자의 몸에 그대로 시행하여 자신의 한과 집착을 풀려고 하기 때문이다.

그러나 이러한 기운이 나타내는 수행법은 자신도 한계에 빠져 떠도는 유혼이 된 잘못된 수행법이기 때문에 이러한 수행법을 받아들인 사람들은 절대 깨달음을 얻지 못하고 마찬가지로 떠도는 귀신의 운명을 띠게 된다. 이것이 바로 오늘날 외부의 기운을 이용하는 수행의 근본 문제점이다.

그런데 이러한 진실을 밝히면 각 종파에서는 자신들만은 유일하게 우주의 근원적인 기운을 받는다고 주장한다. 그러나 하늘의 높고 근원적인 기운이 이 세상에 내려와 머무는 법은 없으며 특정 단체에만 내려와 특별한 은혜를 베푸는 일도 없다.

왜냐하면 탁한 이 세상에 높은 기운이 내려와 머물면 세상의 인력대에 휘말려 다시 재생해야 하기 때문이며, 또 높은 천상의 신이 자신이 만들어 놓은 완전한 법칙을 어기고 구태여 몸을 나타내 세상일에 관여할 이유가 없기 때문이다.

모든 단체는 자신들만은 예외적으로 하늘과 직접 이어져 있다고 주장하지만, 그것이 사실인지 여부는 세상에 나타나는 결과로 판단할 수밖에 없다. 그러한 기운을 받아 수행한 사람들이 세상을 이끄는 진리를 밝히고 바른 행동을 하면 그것은 천상의 기운일 것이며, 세상을 어지럽히고 뜻 모를 귀신노름을 한다면 그 기운은 유혼의 기운이 분명하다.

지금 세상에 나타난 여러 수행단체의 기운이 과연 하늘의 진기인지, 유혼의 기운인지 분명히 밝혀진 바는 없다. 하지만 분명히 말할 수 있는 것은 그러한 주문수행을 하는 단체 중에 깨달음을 얻어 진리를 밝힌 사례가 없으며, 오히려 세상을 어지럽히고 가정을 불행하게 하며 비정상적인 사회인을 양산하는 일이 비일비재했다는 사실이다.

그렇다면 주문수행을 하는 많은 단체의 기운은 하늘의 기운이 아니라 떠도는 유혼일 가능성이 매우 높다. 그래서 주문수행은 매우 위험한 것이며 성자들 중 주문을 가르친 분은 하나도 없다.

오늘날 불교에서 정법처럼 통용되고 있는 다라니도 부처님의 가르침이 아니라 7세기경에 대승불교와 힌두교가 혼합되어 나타난 밀교에서 일반화된 것이다. 부처님이 가르친 적이 없는 주문이 어찌 불교의 정법이 될 수 있는지 이해할 수가 없다.

자연의 이치는 원인과 결과로 이루어진다. 따라서 좋은 원인을 짓지 않고 뜻 없는 주문을 외우면서 자신과 세상을 좋게 하는 일은 생길 수 없는 것이다. 그러므로 지금 수행계에서 유행하는 주문수행의 환상에서 벗어나 바른 이치를 배우고 좋은 원인을 짓는 올바른 정법을 행하도록 해야 할 것이다.

수행과 실천

요즘 수행자들의 근본적인 문제는 비현실적이라는데 있다. 그래서 수행자란 말이 진리를 구하는 가장 참된 사람이라는 본뜻과 다르게 사회에 융화하지 못하는 비정상적인 사람으로 인식되고 있다.

과연 삶과 수행은 별개인가? 이 문제는 동양의 전통적인 도의 개념과 관계가 있다. 동양에서는 예로부터 삶은 번뇌의 장이기 때문에 깨달음은 세상의 인연에서 벗어나 순수한 도를 추구해야만 이룰 수 있다는 논리를 추구해왔다.

그러나 이것은 잘못된 것이다. 완전한 깨달음을 얻은 것으로 평가받고 있는 부처님도 오랜 시간 수행을 했으나 한계에 부딪혔으며, 보리수 밑에 앉아 깨달음을 얻고 나서 밝히시기를, 자신의 깨달음은 수많은 생을 돌면서 쌓은 공덕이 세상을 가득 채웠기에 그 결과로 나타난 것이라 하셨다.

다시 말해 수행이란 생생한 삶 속에서 좋은 원인을 쌓아 인간완성을 이루는 과정으로 삶과 별도로 있는 것이 아니다. 도는 삶 속에 있어야 세상에 도움이 되는 것이며, 세상과 별개로 있다면 그러한 깨달음은 세상과 무관하며 세상에 큰 도움이 되지 않는다. 그래서 그동안 명상으로 도를 구하겠다고 나선 구도자는 많았으나 깨달음의 결실을 이루어 세상을 밝힌 예가 거의 없었던 것이다.

세상은 완전한 이치로 이루어진 법계라 했듯이, 세상의 모든 일은 원인과 결과 속에 있으며, 삶은 좋은 원인을 짓는 활동 속에 있다. 이 쉬운 진실을 외면한 채 구도자들은 헛된 말법에 빠져 세상을 위해 좋은 원인을 짓지 않고 가만히 앉아 도를 이루려고 했으니 결실이 있을 수가 없었던 것이다.

세상의 질서는 완전하여 길을 잘못 가면 결실이 없고 불행이 다가온다. 따라서 지금 삶의 결실이 없는 자들은 자신이 진리와 어긋난 길을 걷고 있지 않은지, 잘못된 말법에 빠져 헛수고를 하고 있지 않은지 의심해 보아야 한다.

그러한 대표적인 사례로 기도와 주문과 갖가지 명상 기법 등이 있다. 이런 방법의 공통점은 세상을 위해 좋은 원인을 지어 자신을 닦으려고 하지 않고 앉아서 마음만으로 깨달음을 얻으려 하는 데 있다.

하지만 세상을 위해 자신을 바쳐 열심히 살지 않고서는 자신의 마음을 닦을 수 없으며, 마음을 닦지 않으면 깨달음을 얻을 수 없다. 깨달음(해탈)이란 자신 속에 쌓인 어둠을 완전히 닦아내고 신성(불성)을 이루어 마음의 열매를 얻는 일이기 때문이다.

따라서 이러한 말법에 빠지게 되면 삶을 농사짓는 원인이 없기 때문에 인생이 쭉정이가 되며 나중에 비참한 결과를 보고 나서야 우주의 어김 없는 법칙을 어긴 것을 후회하게 된다.

더구나 인생을 좌우하는 젊은 시절에 말법에 빠져 헛된 길로 들어서게 되면 회복하기가 쉽지 않다. 세상은 너무나 급박하게 흘러가 사람을 기다려주지 않기 때문이다. 구도의 길을 가는 사람들은 이를 명심하여 자신과 세상을 함께 완성시키는 정법을 찾아야 한다.

깨달음은 인간완성의 경지이기 때문에 이를 얻기 위해서는 인간의 근본을 키워야 한다. 인간의 근본이란 세상을 축복하고 이치대로 살고자 하는 인간의 좋은 마음을 말한다. 따라서 이런 좋은 마음을 길러 어둠을 멀리하고 이치를 밝혀 세상을 축복하면 그 마음이 꽃을 피워 열매를 맺게 되는 것이다.

깨달음을 얻고자 하는 자는 하늘이 무너져도 흔들리지 않을 양심과 땅이 꺼져도 꺾이지 않을 용기가 있어야 한다. 양심은 인간이 세상을 축복하고 바른 이치대로 살고자 하는 인간의 근본이며, 용기는 어떠한 어려움이 있어도 이를 극복하고 사랑과 진리를 실천하려고 하는 의지와 힘이다. 따라서 아무리 어려운 세상이 오더라도 자신의 좋은 뜻을 꺾지 않고 세상의 행복과 진리를 지켜나가면 마침내 자신의 어둠을 모두 불살라 완전한 마음을 얻게 되는 것이다.

사람은 시련을 통해 성장한다. 온실 속에서 자란 나무는 재목으로 쓸 수 없듯이 사람 또한 크게 되기 위해서는 시련을 극복하고 자신의 근본을 성숙시켜야 하는 것이다.

세상의 어둠과 시련이 다가올 때 밝은 마음과 강한 의지로 자신의 좋은 뜻과 진리를 지켜나가면 자신 속에 있던 업과 나약함이 사라지고 맑은 마음과 강한 기운을 얻어 인간완성에 이르게 되는 것이다. 깨달은 이가 반드시 오탁악세에 나타나는 이유도 바로 이러한 이치에 의한 것이다.

그런데 오늘날 도의 길을 가는 많은 사람들이 호기심과 현실 도피용으로 구도의 길을 가기 때문에 기운이 약하고 마음이 어두운 경향이 있다. 이런 사람은 도를 이룰 수 없다. 마음이 맑고 기운이 강하며 세상을 사랑하는 마음이 매우 큰 자만이 깨달음을 이룰 수 있는 것이다.

기도의 뜻

　밝은 세상에서 현명한 삶을 살기 위해서는 바른 이치와 생명의 실상에 대한 이해가 필요하다. 사람들은 자신의 삶이 이루어지는 이치를 모른 채 인간의 욕망과 환상이 만들어 놓은 어리석은 관습에 빠져 살고 있다. 그러한 사례가 바로 기도라는 생활양식이다.
　오늘날 교회나 법당, 대구 팔공산 갓바위 같은 곳에서는 수많은 사람들이 사업 잘되고 자식 잘되게 해달라고 기도하고 있으며, 각종 기도원이나 산속에서는 성령체험이나 접신을 위한 금식기도 행렬이 줄을 잇고 있다.
　오늘날 종교에서도 이러한 행위가 마치 정당한 신앙의 일부인 양 사람들을 오도하고 있어 그 병폐가 더욱 커지고 있다. 이러한 현상은 세상이 어둡고 힘들수록 더욱 증가한다. 이러한 기도 현상의 내면에는 심각한 사회병리가 깃들여 있기에 우리는 경각심을 가지고 보지 않을 수 없다. 즉 자신의 문제를 자신의 힘으로 해결하고자 하는 건강한 이치가 무시되고, 제3의 힘에 의지하려고 하는 요행 심리가 사회를 지배하여 세상은 그만큼 어둡고 허약해지기 때문이다.

이러한 기도를 부추기는 환상 가운데 하나가 바로 신의 가피력이다. 종교가 인간에게 도움이 되는 주요한 요소 중의 하나로 신의 가피력을 꼽고 있는데 나약한 인간이 최종적으로 의지할 곳은 신밖에 없으며, 신은 인간이 모든 의심을 버리고 귀의할 때 분명히 응답한다는 주장이다.

그러나 이것은 인간이 만들어낸 어리석음의 극치이며 진리의 본질에서 어긋나는 일이다. 세상의 일은 있는 사실들의 작용에 의해 결과가 나타나며 원인이 없는 결과는 나타나지 않는다. 따라서 기도로서 복을 얻기를 바라는 것은 원인을 짓지 않고 결과를 바라는 것과 같다. 오늘날 치성을 드리거나 소원을 비는 많은 기복 신앙들은 바로 이와 같이 세상에 드리워져 있는 완전한 이치를 무시하고 맹목적으로 불확실한 존재에게 의지하는 인간의 대표적 어리석음이다.

풍년을 거두기 위해서는 씨를 뿌리고 거름을 주고 잡초를 뽑고 물길을 터주는 농부의 끝없는 정성이 있어야 한다. 따라서 원인을 짓지 않고 기도로서 복을 받고자 하는 행동은 손을 대지 않고 기도로 물건을 옮기려 하는 것과 같다. 세상에 이러한 일은 있을 수가 없는 것이다. 이와 같이 언제 어디서나 통용되는 우주의 질서를 진리라 하며 인간은 이에 따라 살 때 우주와 조화를 이루고 인생을 알차게 꾸려갈 수 있다.

신은 완전한 이치로 자신을 나타내기 때문에 중생들이 욕심으로 간절히 바란다고 해서 자기 맘대로 이치를 흩트리면서 중생들의 사사로운 욕구에 반응하지 않는다. 세상의 이치는 명확하다. 이곳에서 적용되지 않는 일은 저곳에서도 적용되지 않는다. 따라서 기도로 복을 얻는 일은 있을 수는 없는 것이다.

기도에는 두 가지가 있다.

하나는 자신은 아무것도 하지 않고 신에게 의지하여 자신을 버리는 것이고, 두 번째는 완전한 하늘의 질서와 절대적 진리에 의지하여 자신을 키우는 것이다.

오늘날 많은 종교의 경우 기도의 의미가 첫 번째에 가까워 기도만 하면 건강, 가정, 사업, 직장, 진로 등 모든 문제를 신이나 부처님이 다 해결해 줄 것이라 믿는다. 그러나 자신을 닦거나 좋은 원인을 짓지 않고 신이나 제3의 존재에게 의지하여 기도만 한다면, 그는 올바른 이치가 아닌 어둠을 자신 속에 집어넣게 됨으로써 마음이 흐리게 되고 결국 결실 없는 쭉정이 인생이 되고 만다.

인간의 정신에 어둠의 요소가 들어가면, 그때부터 세상이 바로 보이지 않고 색안경을 낀 것과 같이 보이게 된다. 이렇게 마음에 어둠이 끼인 사람은 이미 정상적인 사고가 불가능하기 때문에 더이상 대화가 되지 않는다. 수많은 종교집단의 광신자들이 바로 이와 같이 어둠의 요소가 들어와 정신을 잠식하고 있는 상태인 것이다.

기도는 인간의 내면과 이어지고 있어서 자칫 생각을 잘못하면 유혼의 세계에 빠질 수 있다. 요즘 같은 어두운 세상에서는 한을 지니고 떠도는 영혼들이 많아서, 심신이 허약한 상태에서 삿된 생각으로 기도하면 떠도는 유혼을 만나 그 노예가 될 가능성이 크다.

백일기도나 금식 등으로 오랜 기간 먹지 않고 기도만 하면 몸이 매우 허약해지게 되는데 이때 인간의 몸은 기운이 약해져 보호막이 깨어지기 때문에 외부로부터의 나쁜 기운의 침입에 매우 취약하게 된다.

이런 상태에서 어리석은 욕망을 가지고 신을 갈망하면, 떠도는 유혼이 신이라 칭하면서 인간의 몸으로 들어오게 된다. 이들은 겉으로는 자신을 완전한 신이라고 칭하지만, 배우처럼 마음대로 자신을 달리 표현할 수가 있기 때문에 그 정체를 알 수 없다.

그래서 이런 어둠의 기운을 받고 하느님을 영접했다, 성령을 체험했다, 단군을 모셨다 하며 좋아하지만 그들은 곧 본색을 드러내 세상을 어지럽히고 혹세무민하는 죄를 범하게 된다. 이들이 들어오면 일시적으로 소망이 이루어지는 것 같아도 자신의 영혼을 망치고 삶의 이치가 흐트러지기에 결국 인생을 망치게 된다.

그러므로 기도란 것은 자신의 이익과 욕망을 충족시켜 달라고, 신에게 투정부리는 것일 수가 없으며 또 그렇게 되어서도 안 된다. 주기도문에도 나와 있듯이, 기도는 아무도 없는 곳에서 홀로 진실된 마음으로 돌아가 자신의 삶을 뉘우치면서 좋은 일을 위해 살아갈 수 있도록 스스로 결심을 다지는 일이 되어야 한다.

기독교인들이 '모든 것을 주님의 뜻대로 이루어지이다.' 라고 말하는 것은 모든 것을 신에게 맡긴다는 것이 아니라 열심히 행동하되 그 결과는 하늘의 이치에 맞게 해달라는 뜻인 것이다.

두 번째 기도는 하늘의 완전한 뜻과 진리를 깨달아 이를 세상에 실천하겠다고 스스로 다짐하는 것으로 그의 마음은 더욱 진리화 되고 맑아져 결국 자신과 세상을 모두 구하게 된다. 이와 같이 진정한 기도는 우주의 신성한 근원과 진리에 대한 본질적 끌림이며 사심을 버리고 바른 진리와 하늘의 뜻에 따라 살겠다고 결심하는 것이다.

풍년을 거두기 위해서는 씨를 뿌리고 거름을 주고
잡초를 뽑고 물길을 터주는 끝없는 정성이 있어야 한다.

그래서 예수께서도 "아버지여! 만일 아버지의 뜻이거든 이 잔을 내게서 옮기시옵소서. 그러나 내 원대로 마시옵고 아버지의 원대로 되기를 원하나이다."(누가복음 22:42)라고 하셨던 것이다. 이 말은 내 생각대로 하지 말고 모든 것을 내가 행한 대로 이치에 맞게 이루어지게 해달라는 뜻인 것이다.

이처럼 성자들은 결코 자신의 일을 신에게 미루지 않았다. 신이 다 해준다면, 성자들은 신을 열심히 믿고 있는 당시 사람들에게 굳이 힘들여 진리를 전하지 않았을 것이며, 인간의 길과 삶의 실천에 대해서도 가르치지 않았을 것이다. 세상의 주인은 인간이며 인간이 행하는 바에 따라 결과가 주어지기 때문에 성자들은 인간에게 진리와 올바른 삶을 가르쳤던 것이다.

사람이 올바르게 살지 못하는 것은 그러한 삶이 실제 맞는지, 자신에게 도움이 되는지를 분명히 알지 못하기 때문이다. 올바로 알게 되면 정확한 실천을 할 수 있다. 진실을 정확히 안다면 바른 삶이 자신에게 참된 축복이 되는지를 알기 때문에 실천하지 않을 수 없는 것이다. 따라서 우리는 기도를 통해 자신의 어두워진 양심을 회복하고 참된 삶의 길을 찾아가는 용기를 내며 마음을 닦는 수양의 시간이 되도록 해야 하는 것이다.

천도제

　죽음은 피할 수 없는 인간의 운명이다. 더구나 요즘 같은 어두운 세상에서는 죽음의 인연이 항상 우리 주변에 피어나고 있다. 이러한 때 죽음을 맞는 자세는 어떠해야 하며 고인을 어떻게 보내야 하는지는 삶에 있어서 매우 중요한 지혜이다.

　세상의 모든 생명체는 삶을 통하여 자신을 농사짓고 죽음으로 자신의 열매를 거두어 다시 후생을 기약한다. 따라서 살아있을 때 이룬 결과를 후생에 그대로 지니고 가게 된다. 그러므로 살아 있을 때 맑은 마음과 평안을 얻은 자는 죽어서도 헤매지 않고 좋은 세상에 나게 된다. 그래서 죽음에 임하는 사람의 모습을 보면 그 사람의 후생을 짐작할 수 있다.

　따라서 사람은 내일 죽더라도 회한이 없도록 맑고 당당한 삶을 살아야 한다. 마음속에 한과 집착이 없고 거짓과 어둠이 없어야 마음이 맑고 가벼워 천상에 날 수 있기 때문이다. 그래서 나이가 들수록 사람은 부질없는 욕망과 집착에서 벗어나 바른 이치에 따라 사심없이 살도록 해야 한다.

죽음은 살아있는 모든 생명이 겪는 과정으로 살아있다는 것은 죽음을 전제로 한 과정이다. 따라서 반드시 다가오는 과정이라면 피하지 말고 당당하게 맞아야 한다. 그리고 모든 존재하는 것은 반드시 그 결과가 남는 것이니 나의 삶도 결과가 남는다는 것을 인정하고 후생을 책임지기 위해 좋은 결실을 남기도록 해야 한다. 만약 죽음에 이르러서도 욕망에 집착하여 생명을 놓기 싫어 발버둥치면, 그 마음이 집착과 한으로 무겁기 때문에 죽어서도 어둡고 고통스러운 유계의 차원으로 떨어지게 된다. 그러나 산 자와 죽은 자의 세계는 완전히 구별되어 있어서 죽은 자가 이승을 떠나지 않고 산 자의 세계에 나타나면 끔찍한 지옥의 고통을 받게 되고 미물로 태어나는 과보를 받게 된다.

죽은 영혼은 하나의 결과체인 열매에 해당하니 후생을 기약해야지 열매가 세상에 작용하려 해서는 안 된다.

죽은 영혼은 하나의 결과체인 열매에 해당하니 후생을 기약해야지 열매가 세상에 작용하려 해서는 안 된다. 만약 죽은 자가 이를 무시하고 한정된 에너지를 현실에서 사용하면 그 영혼의 기운이 고갈되어 미물의 과를 받게 된다. 그것은 마치 콩을 그대로 심으면 좋은 싹이 나지만 기름을 짜고 심으면 싹이 나기 어려운 것과 마찬가지 이치이다. 그러므로 영은 이 세상에 나타나 자신의 억울함을 풀려고 해서는 안 되며 자신의 영혼의 씨앗을 잘 갈무리하여 새 생명을 받도록 해야 한다.

유혼이 이러한 이치를 모르고 함부로 세상에 자신을 나타내면 여러 가지 문제가 생겨난다. 죽은 자가 산 자의 세상에 나타나면 여러 가지 나쁜 일이 나타나며 산 자의 몸에 이상 현상이 생기기 때문에 예로부터 이들을 천도해 주어야 한다는 말이 전해지고 있다. 그래서 무당이나 많은 단체에서는 나쁜 일이 생기면 주위에 떠도는 유혼이 있다고 하여 천도제를 지내야 한다고 말하여 거액을 요구한다.

그러나 완전한 하늘의 이치는 각자가 지은 만큼 받는 것이니 하늘도 어쩌지 못한다. 하물며 귀신들린 무당이나 깨닫지도 못한 종교인이 망자 스스로 지은 업보로 받게 되는 귀신의 과보를 어떻게 마음대로 좌우할 수 있겠는가?

유혼이 되어 이승을 떠도는 것은 올바른 삶의 길을 모르고 욕망에 집착하며 살다가 죽어서도 한으로 떠도는 것이다. 만약 유혼이 자신의 지은 과를 돈으로 모면할 수 있고 천도제만 지내면 극락왕생할 수 있다면 사람들은 바른 삶을 살거나 진리를 배울 필요도 없이 돈만 열심히 벌면 된다. 그러나 세상에 그런 일이 있을 수 없다. 죽은 자는 이미 결실을 맺은 상태이고 죽은 자와 산자의 세계는 별개이니 죽은 자는 자연의 이치에 맡기고 산 자는 산 자의 일에 충실해야 하는 것이다.

다만 천도는 작은 오해에서 비롯된 한을 풀어주거나 생명의 이치를 알지 못하는 경우에는 효과적일 수 있다. 망자를 천도하기 위해서는 정성껏 제사를 지내면서(형식은 필요 없다) 진심으로 마음을 다해 망자와 대화하며 생명의 이치에 대해 가르쳐 주어야 한다.

상대가 오해했던 일들에 대해 정성을 다해 해명하고 "산 자와 죽은 자의 세상이 갈렸고 이미 그대는 이생에서의 인연이 끝났으니 모든 일은 산 자에게 맡겨두고 편히 떠나라"고 한다. 그리고 "죽은 자가 이승에 머물면 매우 고통스럽고 후생이 좋지 않으니 모든 집착과 한을 풀고 이승에 머물지 말고 떠나라"고 호소한다. 상대를 앞에 두고 설득하듯이 하여 마음에 깊은 감동의 흐름이 다가오면 망자가 감화를 받고 떠난 것이니 이것이 바로 천도의 요체이다.

그러나 이러한 천도의 비결도 작은 한과 오해를 풀어주는 데는 효과적이지만, 삶에 근본적인 문제를 가졌거나 깊은 원한을 가진 영혼은 달랠 수가 없다. 철천지원수로 깊은 한을 품은 원귀는 달랜다고 해서 한이 풀어지지 않을 것이며, 동물적인 삶으로 정신을 망쳐버린 유혼들은 바른 이치를 설명해 준다고 해서 진리를 이해하고 받아들일 리가 없는 것이다.

따라서 사람은 살아있을 때 진리를 배우고 바른 삶을 살아 좋은 영혼을 얻어야 한다. 원칙적으로 삶의 결실로 이루어진 영혼은 결과이기 때문에 다시 태어나 새로운 자신을 지을 때까지 변화할 수 없는 것이다.

육식에 대하여

 서구 문명의 영향으로 육식이 식습관으로 보편화되고 있다. 그러나 전통적으로 육식에 관해 전해져 내려오는 여러 관념이 있어 사람들에게 많은 오해와 궁금함을 일으키고 있어 그 진실을 밝히고자 한다.
 수행과 관련하여 도를 닦는 사람은 육식을 해서는 안 된다는 말이 전해지고 있다. 과연 그것이 사실인지, 사실이라면 그 영향은 얼마나 될까?
 육식은 그 기운이 강하여 먹는 사람에게 강한 에너지를 제공하나 그 탁함과 동물성으로 말미암아 욕망과 탐심을 일으키고 몸을 병들인다. 이에 반해 식물은 그 기운이 순수하여 사람의 몸에 순수한 기운을 제공할 뿐 별다른 해가 없다. 그래서 채식을 하는 동물은 순하며 육식을 하는 동물은 사납고 공격적인 것이다. 동양사회가 수동적이고 서양사회가 공격적인 것은 바로 이러한 원인도 작용하고 있는 것이다.
 그러나 육식을 하는 자는 도를 이루지 못한다거나 큰 악업을 받다 불행을 받게 된다는 논리는 맞지 않다. 육식이 인간에게 영향을 주기는 하지만 그것이 운명에 직접적인 영향을 주지는 않는다. 왜냐하면 세상의 일은 먹는 것에 의해서라 아니라 지은 원인에 의해 결과가 나타나기 때문이다.

세상에는 수많은 중요한 일들이 지어지고 있다. 먹고 살기 위해 열심히 일하고 세상을 위해 의미있는 원인을 짓는 큼직큼직한 일들이 끊임없이 삶을 구성하고 있는 것이다. 이러한 일들 가운데 얼마나 좋은 마음을 가지며 좋은 원인을 짓느냐에 의해 업이 결정되는 것이지, 어떤 것을 먹느냐 하는 것은 크게 중요하지 않다. 그래서 성경에도 "입으로 들어가는 것이 사람을 더럽게 하는 것이 아니라, 입에서 나오는 것이 사람을 더럽게 한다(마15장11절)"고 했던 것이다.

먹을 것이 육식밖에 없는데 관념에 사로잡혀 아무것도 먹지 않고 해야 할 일을 안 한다면 그보다 어리석은 일은 없다. 육식을 먹어서 세상에 짓는 공덕이 육식을 먹는 어둠보다 훨씬 크다면 육식도 해야 하는 것이다.

다만 진리의 길을 가는 자는 가능하면 좋은 원인을 짓는 것이 올바른 자세이므로 가능하면 욕망을 부추키고 마음을 흐리게 할 가능성이 있는 육식을 멀리하고 깨끗한 음식을 먹어야 하는 것이다. 부처님께서 육식을 금하라 한 이유는 구도에 뜻을 두고 진리에 몸을 바친 제자들에게 하신 말씀이지 결코 모든 사람에게 강제하신 말씀은 아니었다. 육식이 인간에게 탐심을 일으키고 욕정을 일으키는 만큼 진리를 구하는 자라면 당연히 작은 악연이라도 조심하는 것이 당연한 일이기 때문이다.

세상 사람들은 삶의 수준과 생활방식이 다 다르기 때문에 동물적인 욕망과 애욕의 집착에 헤매는 사람들이 육식을 하는 것은 그들이 생활하고 욕구를 충족시키는 데 도움이 된다. 더구나 오늘날과 같은 자본주의 물질문명은 모든 사람들을 욕망 속에 살도록 밀어붙이고 있기 때문에 사람들이 육식을 하고 쾌락을 즐기며 사는 것은 자연스러운 현상이라 해야 할 것이다.

그러나 육식은 그 동물성과 탁함으로 말미암아 악업을 짓는 원인이 되므로 진리의 길을 걷는 자라면 가능한 한 육식을 멀리하고 채식을 많이 하는 것이 좋다. 인간은 그 정신이 정화될수록 점차 습과 욕망에서 자유로워지게 되기 때문에 육식이 맞는 차원에서 채식이 맞는 차원으로 변화하게 된다.

내가 만난 깨달은 분도 어쩔 수 없이 고기를 먹게 되면 극심한 고통에 시달렸다. 그분도 과거 깨달음을 얻기 전 젊었을 때는 말술을 마셨고 고기도 매우 잘 먹었으나 해탈하여 반야심을 얻고 난 후에는 그 몸이 반야의 기운에 의해 순수해져 탁한 고기와 술을 받을 수가 없게 되었던 것이다.

따라서 이러한 기준은 그 사람의 깨달음의 정도를 판단하는데 중요한 기준이 된다. 요즈음 도를 깨치면 아무것에도 걸리지 않는다고 함부로 행동하면서 술과 고기를 꺼리지 않는 이들이 많은데, 그들은 깨달음이 뭔지도 모르면서 말법에 물들어 자신과 세상을 오도하는 것이다. 마음이 순수해지면 그 몸도 순수해져 저절로 육식을 할 수 없게 되는데 그들이 고기를 즐기는 것은 아직 그 마음이 순수함을 얻지 못했다는 증거이니 이러한 기본원리마저 희미해져 버린 오늘의 말법 세태를 더 말해 무엇하랴?

이에 대해 어떤 사람들은 마음이 순수하여 진리를 보신 예수님께서는 왜 육식을 하셨는지에 대해 묻는다. 예수님이 육식을 했다는 것은 그 사회에 먹을 것이 주로 육류였기 때문에 그런 것이지 육식을 좋아했다는 말이 아닐 것이다. 마음이 순수해지면 몸의 기운도 그에 순응해 순수해지게 되기 때문에 탁한 고기를 좋아할 리가 없는 것이다. 다만 인간의 삶에 있어서 좋은 마음으로 좋은 원인을 실천하는 것이 중요했기에 먹는 것에 그리 구애받지 않았다고 보아야 할 것이다.

살생에 대하여

 올바른 삶을 살려고 노력하는 사람들은 자신도 모르게 저지른 살생의 업이 어떻게 되는지에 많은 관심을 가지고 있다. 그리고 오늘날 여러 취미활동이 살생을 당연시하고 있어 이러한 생활을 하는 사람들은 살생에 대한 명확한 진실을 알고 싶어 한다.
 세상은 완전한 인과의 법칙 속에 있으므로 좋은 원인은 짓고 나쁜 원인은 짓지 않는 것이 올바른 삶이다. 따라서 생명을 장난삼아 죽이는 일은 좋지 않은 원인이니 재미로 하는 낚시나 사냥은 좋은 취미라 할 수 없다. 함부로 생명을 해치는 습성이 붙으면 죽음의 인연이 쉽게 다가오기 때문이다.
 그렇다고 해서 살생이 무조건 부정되는 것은 아니다. 인도의 자이나교처럼 불 살생계를 지킨다고 해서 입에 마스크를 쓰고 비로 쓸며 다니는 것은 매우 교조적이고 관념적인 행동이다.
 한 여름밤 좁은 방안에 모기가 많이 들어와 잠을 설치게 하고 병을 옮길 가능성이 크다면 그 모기는 죽여야 한다. 가리지 않고 함부로 살생을 하는 것이 악업이 되는 것이지 필요할 때 살생을 하는 것은 악업이 된다고 할 수 없다.

먹기 위해 살생하는 것과 생명을 지키기 위해 모기를 잡는 것은 그로 인한 공덕이 살생을 하는 악업보다 더 크기 때문에 용납이 되는 것이다. 함부로 생명을 경시하는 것이 업이 되는 것이지 필요에 의해 살생을 하는 것은 가능한 것이다.

그리고 자신도 모르게 지은 살생이라면 그다지 큰 업이 되지 않는다. 삶은 의식을 통하여 이루어지는 것이며 업이란 마음속에 쌓는 것이기 때문이다. 세상 속에는 무의식적인 것마저 하나 하나 신경쓰기에는 너무나 중요한 일이 많다. 직장을 잡아야 하고 세상을 위해 가치있는 일을 해야 하는 등 중요한 일이 너무 많은 것이다.

함부로 생명을 해치는 습성이 붙으면 죽음의 인연이 쉽게 다가온다.

인간의 삶은 이처럼 의식 속에 있는 일을 통하여 주로 이루어지며 무의식적으로 이루어지는 일들은 매우 작다. 그러므로 큰일을 먼저 바르게 하도록 노력해야 하며, 여유가 있을 때 작은 일에도 신경 쓰면 된다. 생은 이처럼 주요한 일들을 처리하기에도 바쁜 것이다.

따라서 지나가다가 알지도 못하게 개미를 밟았다거나 귀에 들어온 벌레를 죽였다면 그것은 큰 업이 되지 않는다. 다만 살생이 습관이 되어 생명을 죽이는 것을 가벼이 생각한다면, 그것은 큰 업이 되어 세세생생 남게 되는 것이다. 그러면 후생에서도 쉽게 살생을 하게 되고 원한을 사 자신을 불행으로 이끌게 된다.

그리고 살생에 있어서도 의식이 강한 것을 죽일수록 큰 업이 된다. 강한 의식을 가진 생명일수록 그 의식이 한을 가지고 있어 가해자의 영혼에 영향을 끼치기 때문이다.

그래서 개나 원숭이 같은 고등동물을 죽이거나 먹으면 당장 마음이 어두워지며 하등동물에 이를수록 업이 적어져 풀과 같은 것을 꺾으면 거의 영향이 없다. 하등동물과 풀은 의식이 거의 없기 때문이다.

그러나 이와 같이 동물을 죽이고 육식을 먹는 것보다 더 큰 악업은 생활 속에서 자기 스스로 나쁜 의지를 내어 남을 해하고 사익을 도모하는 행위이다. 그것은 자신의 영혼을 어둠으로 물들이며 원인에 따른 결과를 직접적으로 받는다. 따라서 진리의 길을 가는 자는 자비심을 가지고 모든 생명과 세상을 축복하려고 노력해야 하는 것이다.

제3장

수행일기 – 깨달음의 길

수행일기 - 깨달음의 길

　어린 시절을 되돌아보면 나도 남과 똑같은 생각과 감정으로 세상을 살았던 것 같다. 보이는 것은 텅빈 하늘과 거친 세상뿐이었으며 나는 홀로 남겨진 동물처럼 오직 살아남기 위해 몸부림치는 것이 전부였다. 그러나 한 가지 남다른 것이 있었다면 아픈 이웃에 대한 연민의 정에 항상 마음이 아렸다는 것이다.
　나이가 들어 점차 세상의 모습과 삶의 의미에 대해 눈을 뜨면서 나의 마음은 세상의 무의미와 혼돈, 이웃의 고통과 절망에 견딜 수 없이 아파했다. 어떤 이는 저렇게 호사하며 사는데 어떤 이는 왜 그렇게 불행스럽게 살아야 하는지 세상은 너무나 불공평해 보였고 그것은 나의 마음속에 깊은 의문이 되었다. 가난한 이웃과 함께 하면서 내 마음속에는 그들의 아픔을 달래고 모든 인간이 잘 살 수 있는 세상을 만들어야 한다는 굳은 결심이 자리잡게 되었다.
　가난한 집안 살림으로 홀로 서울에 올라와 고학으로 시작한 사회생활은 무의미하고 가치 없는 일의 연속이었다. 사람들은 자신의 삶이 무슨 뜻인지 모르고 살면서 자신과 세상에 아무런 도움이 안 되는 욕망에 매달려 모든 것을 바치고 있었다. 그들의 마음에 진리의 빛은 사라진 지 오래였고 정의와 공익에 대한 사명감도 없었다. 오직 출세와 보신을 위해 조직과 상사에 충성하며 허망한 지위와 명예를 거머쥐고 한세월을 보낼 뿐이었다.

나의 마음은 그러한 세상의 욕망과 집착의 허망함을 보게 되었고 세상이 갈망하는 부와 지위와 명예는 점차 나에게서 그 의미를 잃어 갔다. 그리하여 살아남기 위해 몸부림쳤던 한 인간이 거친 세상을 겪으며 이상하게도 세상의 위선과 탐욕을 혐오하게 되었고 자신의 아만과 집착을 부끄럽게 여기며 인간의 진실한 의미와 가치를 찾아 나서게 되었다.

그 당시 나에게는 이 세상에 과연 인간이 믿고 의지할 절대적 진리가 있는지, 영원한 의미와 신성함이 존재하는지가 삶 전체를 좌우하는 절체절명의 과제였다.

만약 절대적 진리와 인간의 의미가 존재하지 않는다면 인간의 덕목에 대한 모든 관념은 허위에 불과하며, 완전한 신성과 진리와 인간의 가치와 의미가 존재한다면 누가 뭐라 해도 세상은 살아갈 가치가 있는 것이며, 세상 사람들은 선행을 하지 말라고 해도 스스로 양심과 진리를 지킬 것이기 때문이다.

하지만 아무리 둘러보아도 하늘에는 허공밖에 없었으며 신성한 의미나 진리는 보이지 않았다. 세상은 양육강식이 지배했고 혼돈과 무의미, 부정부패, 폭력과 부조리가 난무했다. 신의 자애로운 손길을 어느 곳에서도 찾을 수 없었고 바른 이치대로 살아가면 훌륭한 사람이 된다는 약속도 보이지 않았다.

더구나 진리의 갈증을 풀기 위해 배운 현대학문은 파고들면 들수록 젊은 나를 불가지론자로 몰고 갔다. 그것은 그저 남과 무난히 어울려 살아가는 계산 빠른 소시민을 양산하는 것일 뿐 진리에 대한 어떤 희망도 제시해 주지 않았다. 몇 해를 도서관에 머물며 많은 학문을 섭렵했고 인류사에 나타난 지혜와 고전을 독파했지만, 그것은 하나의 지식에 불과할 뿐 영혼의 자유를 가져다주는 것과 무관했다.

심각한 문제는 현대학문의 잘못된 가르침이 인간이 의지하고 살아갈 삶의 근거를 상실하게 만들고 있다는 사실이었다. 경험적으로 분석하고 검증가능한 것만 다루는 현대학문은 결국 눈에 보이는 것만을 대상으로 함으로써 인간에게 가장 소중한 의미와 가치를 외면하고 있었던 것이다.

항상 생각하는 동물인 인간에게 의미와 가치를 제시하지 못하는 교육은 전혀 가르치지 않는 것과 같았다. 왜냐하면 인간은 평생 동안 자신이 하는 모든 일에 계속 의미를 부여하며 살아가고 있기 때문이다. 따라서 본질적으로 의미를 추구하며 살아가는 인간에게서 가치와 의미를 박탈해 버렸을 때 삶 전체의 의미가 사라지며 동물적인 생존밖에는 남지 않게 되기 때문이다.

이와 같이 신성한 존재인 인간을 무의미하고 무가치하게 만드는 현대문명의 야만성 속에서 어떻게 인간에게 고귀한 근거와 가치를 제공할 수 있느냐 하는 것이 나의 최대과제였다. 그리하여 진리와 인간이라는 내 인생 최대의 관심사에 대한 생명을 건 탐구와 방황이 시작된 것이다.

나는 이러한 인생 전반에 걸친 문제를 해결하기 위해 학문과 신앙의 세계를 탐구하기 시작했다. 그러나 이 우주에 유일한 신이 있으며 인간에게 절대적 신성이 있다고 외치는 종교들의 주장은 불확실한 믿음에 근거한 편협한 주장에 불과했고, 철학자들이 내세우고 있는 주장은 근거없는 가설로서 보면 볼수록 더욱 나를 혼돈과 판단정지 상태로 빠뜨리고 있었다. 종교에서는 신의 존재성을 여러 가지 증거로 제시했지만 그것은 결국 논리를 비약하여 오직 신만이 모든 진리의 근원이며 해답이라고 강변하는 것에 불과했다.

진리를 찾아 헤매는 나에게 이제 지식은 더 이상 답이 되지 못했다. 인생의 근원적인 문제에 대한 해답은 논리적 지식에 있는 것이 아니라 오직 진리 자체에 대한 직접적 체험에서 온다는 것을 깨닫는 것은 오랜 방황으로 심신이 모두 피폐해진 뒤였다.

그래서 인생에 대한 고뇌와 방황으로 만신창이가 된 나는 생명을 건 마지막 탈출을 시도하게 되었다. 생명과 영혼에 대한 깨달음은 오직 생명과 영혼 자체로 직접 부딪쳐 체험하는 것 외에는 다른 해결책이 없다는 것을 깨달았기 때문이다.

그래서 처음에는 어릴 적부터 인연 있던 기독교에 들어가 진정으로 하느님의 존재를 느끼기 위해 전심전력으로 기도했다. 밤마다 산에 올라가 성령이 임하시기를 기원하면서 이적을 보여주시면 모든 의문을 풀고 당신에게 귀의하겠다고 맹세했다. 그러나 하느님은 나에게 자신의 존재를 증거하지 않았다. 하느님은 지식으로 신성한 근원을 알고자 하는 자에게 결코 자신의 실체를 드러내지 않으셨던 것이다. 근원의 빛은 진심으로 삶을 회개하는 자에게만 다가오는 진리의 빛임을 그 당시의 나로서는 알 수가 없었다. 그 일로 인해 나는 신과 더욱 멀어졌고 인간이란 세상에 홀로 내버려진 존재임을 더욱 맹신하게 되었다.

그래서 나는 이성적이고 철학적이라는 불교에서 새로운 희망을 찾기 시작했다. 불교는 엄청난 신비와 전통의 힘으로 나를 압도했다. 그 교리는 너무나 방대하여 현실적 지식만을 탐구하던 나로서는 도저히 이해 불가능하였다. 불교대학원에 들어가 팔만대장경과 수행록을 탐구하고 참선을 수행하면서 불교의 진수에 대해 접근했지만, 이 또한 논리나 수행에 있어서 근본적인 모순을 지니고 있었다.

논리적인 모순은 우주의 근본 불성이 본래 순원무잡한데 어찌하여 삼천대천세계가 전변하여 나타나게 되었느냐 하는 것이었다. 즉 무명의 근원에 관한 문제로서 만약 무명이 불성에서 생겨났다면 불성이 깨끗하지 않음을 의미하고, 만약 무명이 불성에서 생겨나지 않는다면 우주의 근원에 불성 이외의 다른 근원이 존재한다는 모순이 나타나는 것이었다.

수행에도 불교는 많은 문제를 가지고 있었다. 최고의 해탈법이라 부르는 참선은 의지와 집중만으로 업을 없애 해탈에 이르고자 하는 방법으로 인과의 이치에 따라 팔정도에 의해 바른 원인을 쌓아야만 깨달음에 이를 수 있다는 부처님의 종지와도 어긋나는 것이었다.

그리고 깨달은 선승들이 수많이 나왔다는 말은 있는데 세상 속에 남아 있는 증거는 없으며 세상은 더욱 어두워지고 있다는 사실이었다. 게다가 소위 깨달았다고 하는 수행자들은 세상에 밝은 빛이 되지 못하고 계속 산속에 은둔해 있거나 현실에 폐를 끼치는 신 놀음을 하고 있었다.

어둠 속에 빛이 있으면 그 주위가 환히 밝아 오는 것처럼 깨달음의 빛이 있으면 세상이 좋아져야 한다. 그러나 우리 사회가 더욱 어두워져 가는 것은 현재 활동하고 있는 어떤 종교도 생명의 빛을 제시하지 못하고 있음을 증명하는 것이었다.

그리하여 계속되는 정신적인 방황과 수행으로 나의 몸과 마음은 만신창이가 되어 갔다. 방대한 종교 서적을 파고들면 들수록 진리에서 점점 멀어져갔고 수행과 기도는 싱싱한 나의 육체를 침침한 기운으로 병들였다. 진리는 보이지 않고 신성의 기미는 느낄 수 없었으며 심신은 무기력해졌던 것이다.

그리하여 대답 없는 하늘 대신 나는 마지막 희망으로 존재하지 않는다고 확신했던 기에 대해 실험적으로 실체를 확인하고자 했다. 만약 기를 느끼게 되면 이 세상에는 단순한 물질만 존재하는 것이 아니라 신성한 의미와 진리가 존재할 가능성이 생기기 때문이었다. 그래서 나는 오래전부터 형식적으로 해오던 단전호흡을 본격적으로 수행하기 시작했다. 현대학문에 젖은 나로서는 아무것도 모르는 백지의 상태에서 철저한 실증적·과학적 사고로 단전호흡의 비밀을 검증하고자 했던 것이다.

그러던 가운데 나는 경이의 순간과 함께 기를 체험하기 시작했고 생명의 신비가 나에게 모습을 드러내기 시작했다. 본격적으로 집중하여 단전호흡을 시작한 지 한 달쯤 지나자 기이한 일이 시작되었다.

단전호흡 도중에 꼬리뼈 부근에서 마치 개미가 기어오르는 듯한 미세한 흐름을 느끼기 시작했는데, 그것은 마치 의식이 강화되어 물질의 형태로 나타난 느낌이었다. 나는 그것이 단순한 경련이나 착각이 아닌가 의심했지만, 그것이 현대인이 잘 모르는 기라는 현상임을 알

앉을 때 내 심정은 경악 그 자체였다.

그것은 곧 인간이 무의미하게 던져져 있는 동물적 존재가 아니며 신성한 의미를 지닌 고귀한 존재로서 이 우주에 신성한 뜻과 진리가 깃들여 있을 가능성을 의미하는 것이었다. 그제야 나는 동양의 지혜가 단순히 관념이 아니며 생명의 실체를 통찰하고 있음을 깨닫고 그 깊이에 절로 머리가 숙여졌다.

그 이후 나의 삶은 새로운 변화를 맞게 되었고 수많은 선도 경전에 기재된 비밀을 알게 되었으며 인체의 신비와 영혼 세계, 깨달음과의 만남, 진리의 자각 등 일반인이 현실 속에 존재하리라고는 생각지도 못한 진기한 구도의 역정을 겪게 되었던 것이다.

여기서는 구체적인 변화가 나타난 때부터 중요한 사실만을 간단히 요약 정리함으로써 뜻있는 분들의 이해에 도움이 되었으면 한다. 이루 말할 수 없는 많은 증험이 있었지만 세세한 현상은 생략한다.

수행일기

1979년 ○월○일

본격적인 호흡의 시작

설마 하는 기분으로 혹 있을 지 모를 신비를 찾아 과거에 했던 단전호흡을 본격적으로 시작했다. 숨을 들이마시고 하단전에까지 내린 후 잠시 정지했다가 숨이 가빠지면 다시 천천히 내뿜었다. 모든 것은 자연스럽게 하는 것을 원칙으로 했다. 땀이 나기 시작했다. 호흡이 힘이 들고, 하고 나면 운동을 한 듯 온몸이 땀에 흠뻑 젖는다. 본격적으로 시작한 호흡이라 예전과 느낌이 다르다.

1979년 ○월○일

기의 흐름이 일어나다

기이한 일이 일어났다. 단전호흡을 본격적으로 한 지 일주일쯤 되었을까? 하단전이 열기가 나면서 꼬리뼈 부근에서 개미가 기어오르는 듯한 미세한 흐름을 느끼기 시작했다. 그것은 마치 의식이 강화되어 물질의 형태로 나타난 느낌이다. 인간이 단순한 동물적 존재가 아닌, 의미를 띤 신성한 존재일 수 있다는 데 생각이 미쳤다.

1980년 ○월 ○일
기감의 강화

호흡을 할 때마다 하단전에 바람이 들어간 것처럼 불러오며 기의 흐름이 점차 강화된다. 처음 개미가 기어가는 듯이 느껴지던 기감이 이제는 마치 주전자의 김처럼 쑤수쑥 치솟아 오르며 등 가운데까지 올라갔다.

1981년 ○월 ○일
소주천

뒤통수(옥침)의 가벼운 통증과 함께 치솟아 오른 기운이 정수리로 들어갔다. 머리가 시원해지며 달콤한 타액이 목구멍으로 흘러들어 온다. 기운이 임독 양맥을 연결하며 흐른다는 소주천이 이루어진 듯 하다. 남들은 통증이 심하다고 하는데 나는 별 고통없이 옥침을 통과했다. 본격적인 호흡을 시작한 지 약 2년 만의 일이다. 온몸에 힘이 넘쳐 하루 종일 뛰어도 피곤한 줄 모른다.

1981년 ○월 ○일
진양화 퇴음부(進陽火 退陰符)

기이한 것이 등 뒤로 올라갈 때는 뜨거운 열기가 분명히 느껴지면서 올라가나 백회에서 내려올 때는 시원한 기운으로 흔적 없이 내려와 하단전에 와서야 다시 기운이 부풀어 오른다.

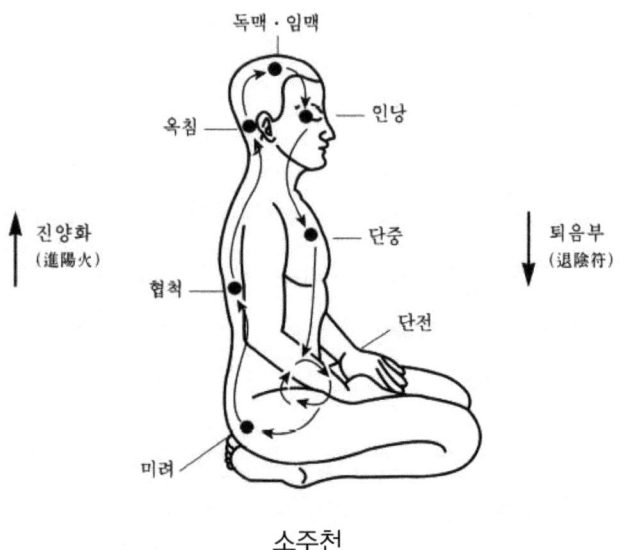

소주천

기가 강해져 몸 앞의 임맥과 등쪽의 독맥이 백회를
연결고리로 하여 하나로 이어져 흐르는 현상

1982년 ○월 ○일
단실 형성

내려온 기운에 하단전이 마치 공기풍선처럼 부풀어 오른다. 하단전에 기의 방인 단실이 형성된 것이다. 요즘 소주천은 1회 3분정도 걸리며 하루에 60 주천 정도 행하고 있다.

1982년 ○월 ○일
머리의 육계

머리에서 커다란 혹을 세 개나 발견했다. 당황한 나는 단전호흡에 지식이 많은 분을 찾아가 그 현상을 문의했다. 그는 그것이 혹이 아

니라 기가 상승하여 형성된 맑은 기운덩어리로 도가에서 말하는 삼
신산이니 곧 좋은 변화가 있을 것이라고 했다. 부처님과 같이 머리가
부풀어 오르니 기분은 좋았다. 과학적 사고로 접근했던 단전호흡이
구체적인 현상으로 몸에 변화를 일으키자 나는 단전호흡에 관한 전
문 서적을 처음 구입해 보았다.

1983년 ○월 ○일
정수리가 열리다

그날도 세상을 위해 아무 일도 할 수 없는 스스로를 안타까워하며
세상을 위해 나의 모든 것을 바칠 수 있게 해달라고 간절하게 기원하
면서 습관적으로 책상에 앉아 가벼운 명상과 호흡으로 몸과 마음을
가다듬고 있었다. 그러던 중 갑자기 꼬리뼈에서 아주 상쾌하고 맑고
강한 기운이 충맥(몸 가운데 맥)을 타고 정수리로 치솟아 올랐다. 너무
나 기분이 좋아 나는 그 기운의 흐름을 주시하며 치솟아 오른 정수리
에 눈을 감고 집중했다. 그 순간 전혀 상상조차 하지 않았던 뜻밖의
일이 벌어졌다. 갑자기 정수리가 펑! 하고 열리면서 머리 위로 엄청난
불기둥이 쏟아졌다. 그 불기둥은 하늘 끝까지 길게 이어졌고 아름다
운 불꽃들이 빛 기둥 주위를 황홀하게 넘실대고 있었다. 나의 몸은
엄청난 환희와 쾌감 속에 한동안 녹아들었다. 그러한 체험을 1시간
동안 3번이나 했다. 나의 몸은 엄청난 열기 속에 진동했고 모든 신체
가 사라져 버린 듯한 황홀한 상태에 계속 머물렀다. 그러면서 그동안
통증을 느꼈던 부위가 열이 나면서 시원하게 풀렸다. 어찌 인간의 몸
에서 이러한 일이 일어날 수 있는지 나로서도 도저히 상상할 수 없고

믿어지지 않았다. 인간이 알지 못하는 신비한 현상이 우주와 인간 속에 얼마나 많이 잠재하고 있는지 그 경이로움에 조바심이 났다. 사하스라라 차크라가 열린 것 같다.

정수리의 열림

순양지기가 꼬리뼈에서부터 치솟아 오르면서 충맥을 열고 정수리로 치솟아 올랐다. 그 순간 머리가 '펑' 하고 터지면서 머리 위로 불기둥이 하늘 끝까지 뻗어 올랐다.

1983년 ○월○일

대주천

오랫동안 공부를 하느라고 지니고 있던 허리와 어깨의 만성통증이 씻은 듯이 사라지고 시력이 0.3에서 0.8로 회복되어 안경을 벗었다. 그리고 온몸에 구멍이 난 듯 양손과 양발, 머리에서 기운이 바람처럼 공기와 교류했다. 해, 달, 별, 나무 등 무엇이든 느끼고자 하면 그 기운이 느껴진다. 내 몸이 우주와 하나되는 단계인 대주천에 이른 듯하다. 소주천에서 대주천에 이른 시간은 약 1년 정도 걸렸다.

대주천

온몸에 구멍이 난 듯 양손과 발, 머리가 모두 열려 대기와 교류했다.
해, 달, 별, 산, 나무 등 무엇이든 느끼고자 하면 그 기운을 받게 되었다.

1983년 ○월 ○일
순양지기(쿤달리니 에너지)

정수리가 열릴 때 개발된 꼬리뼈의 에너지가 강하게 충맥을 타고 정수리로 오른다. 꼬리뼈(미저골) 부근에 의식을 집중하면 끝없이 맑고 강한 기운이 계속 피어오른다. 요가에서 말하는 쿤달리니 에너지((Kundalini, 요가에서 우주의 근원적인 에너지이며 생명력의 근원이라고 말하는 꼬리뼈에 있는 에너지)가 발현하기 시작한 것 같다. 그것은 기존에 돌던 기와는 전혀 다른 성질로 청량하면서 강한 순양지기였다.

1983년 ○월 ○일
머리의 둥근 테

머리가 열린 후 이상한 현상이 나타났다. 그것은 마치 손오공의 머리띠처럼 머리를 둥근테로 억죄는 현상이 나타난 것이다. 그리고 온몸이 거품이 일듯 세포 하나마다 부글거리며 기화되는 현상이 나타나고 있다.

1983년 ○월 ○일
막힌 부위의 개통

몸의 어깨와 머리 부근에서 강한 저항이 나타났다. 그것은 과거 막혀서 굳었던 등 근육이 강한 기운에 의해 충격을 받아 뿌리째 떨렸기 때문이다. 머리의 억죄는 현상도 터질 듯한 충격으로 다가온다. 그때마다 꼬리뼈의 화기롭고 청량한 기운을 발동시키면 머리가 시원해진다. 아마 그동안 너무 굳어버린 숨구멍과 갖가지 영향으로 굳어가던

뇌가 강한 기운에 자극을 받아 새롭게 열리면서 나타나는 현상인 것 같다.

1983년 ○월○일
숙변

저녁 무렵에 배가 살살 아프면서 숙변 현상이 나타났다. 새까만 변이 30분 정도 계속 쏟아졌다. 온몸의 때가 몽땅 빠져버린 것처럼 기분이 상쾌하다. 그 후 몸이 가볍고 매우 힘이 넘친다.

1984년 ○월○일
외부와 운기하다

기운이 스며들던 양 손바닥의 장심(노궁)과 발바닥의 용천이 마치 구멍이 난 듯 바람이 통한다. 머리에서 들어온 기운과 꼬리뼈의 기운과 노궁과 발에서 들어온 기운이 다 다르게 느껴지고 작용도 다르다. 손에 나오는 기운이 하도 기이해서 같이 공부하던 동료의 머리에 대니 동료의 막힌 코가 펑! 하고 터지면서 만성 축농증에 기혈이 유통되었다. 이제 나의 손이 약손이 되었나 보다. 여기에 마(魔)가 있다고 했으니 극히 조심하여 안으로 갈무리해야 할 일이다.

1984년 ○월○일
백맥의 개통

인체의 신비는 과연 오묘하다. 정수리를 백회(정수리의 맥)라고 부르는 이유를 분명히 체험하고서 조상들의 지혜에 탄복했다. 머리에서 흘러 들어오는 기운은 크게 몸 가운데의 충맥을 타고 온몸으로 흐르고 사지의 기경팔맥과 그물처럼 이어져 있었다. 몸의 어느 한 부위를 자극하면 그것은 곧 인근 맥을 타고 정수리와 이어졌다.

1984년 O월O일
명상의 심화

기를 느끼고 있으면 저절로 머리가 열리고 온화한 기운이 감돌며 깊은 명상으로 접어든다. 과연 나의 몸은 어떻게 될 것인가? 어떠한 현상이 나타날 것인지 아직 나는 전혀 모르며 이러한 시도가 과연 옳은지 확신할 수도 없다. 다만 나에게 주어진 인연을 계속 과학적으로 검증해 나갈 계획이다.

1984년 O월O일
절로 되는 명상

이제 내가 명상을 하는 것이 아니라 뚫린 몸의 구멍들로 저절로 기운이 흘러들면서 나를 명상 속에 빠뜨린다. 정수리의 사하스라라 차크라(Sahasrara-Chakra, 두정 차크라, 일명 천 개의 꽃잎을 가진 연꽃이라 부르며 범어로는 영광, 승리, 완성을 의미한다. 이것이 열리면 범아일여의 깨달음을 얻는다고 한다)는 조금도 쉬지 않고 계속 작동하며 온몸을 끌어당긴다. 이러한 현상은 도를 닦는 데는 매우 유리한 현상이겠지만, 현실에 충실해야 하는 직장인으로서 매우 곤혹스럽다.

1984년 ○월○일
차크라의 발현
기의 흐름에 따라 고요히 명상에 들어가면 이제 차크라(Chakra, 산스크리트어로 바퀴라는 뜻이며 생명 에너지가 집중하는 에너지 센터로 우리 몸에 일곱 개가 있다)가 나타나기 시작한다. 차크라에 몰입하면 오묘한 현상 속으로 들어간다. 말로 표현할 수 없는 아름다운 기하학적 도형이 나타나기도 하고 심장의 아나하타 차크라(Anahata-Chakra, 가슴의 한 복판에 위치하며 나의 영혼이 위치하는 것으로 알려져 있다)에 몰입하면 깊고 평안한 지복감에 머문다.

1984년 ○월○일
천지인의 합일
정법안장의 자리라고 하는 이마에 집중하여 주시하면서 정수리로 천기를 끌어당겨 몸의 내부를 비추었다. 인중과 목청과 명치의 커다란 장애물을 돌파하고 하단전의 꼬리뼈의 물라다라 차크라(Muladhara Chakra)를 비추니 강렬한 거품 기운이 부글부글 일어나면서 온몸을 시원하게 청소하며 정수리로 올라간다.

1984년 ○월○일
빛을 보다
하단전을 주시하며 내관을 하고 있는데 빛이 보였다. 그 빛을 독맥(등뼈로 올라가는 기도)을 거쳐 임맥(이마에서 명치 배꼽으로 내려오는 기도)으로 소주천했는데 그 빛은 살아 있는 듯 움직이기 시작했다. 그 이후 빛은 하나의 생명체처럼 자라기 시작했다. 이른바 단이 맺힌 것이다.

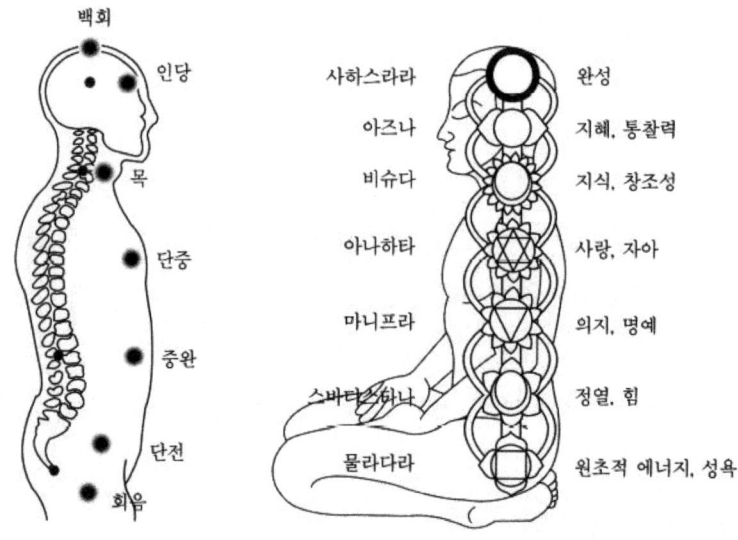

인체의 맥과 차크라

1984년 ○월○일
소약의 생성

오늘 다시 내단이 하단전에 나타나 점차 주위에 있는 기운을 빨아당기며 강해지고 있었다. 단을 계속 임독 양맥을 따라 자오주천했다. 이제 몸의 모든 신경이 마치 손을 움직이듯 움직여진다. 뇌 세포 하나하나를 느낄 수 있고 심장 근육 하나하나도 움직여진다.

1984년 ○월○일
태반의 형성

하단전에 맺힌 단이 마치 살아있는 태아처럼 기운을 흡수하며 단전을 태반으로 삼아 커가는 것을 느꼈다. 배꼽 주위에서 기운이 우회전하며 빙글빙글 돌고 있다. 이따금씩 진동이 커지며 온몸을 원으로 휘감으며 돈다.

1984년 O월O일
마음장상

단이 자리를 잡으면서 허벅지와 엉덩이 쪽으로 진동이 강하게 일어나며 성기에서도 바람이 들어오며 졸아들기 시작한다. 마음장상(馬陰藏像 기가 내부로 모이면서 성기가 사라지는 현상으로 부처님의 신체 현상 중 하나임)이 일어나는 것이 아닌가 걱정이 생긴다.

1984년 O월O일
용과 여의주

내단이 임독 양맥을 돌면서 주위에 있는 기운을 모두 끌어모으자, 마치 용이 여의주를 물고 돌듯이 거대한 띠가 되어 소주천을 저절로 하게 된다. 하루 종일 기의 줄기는 살아 있는 생명체와 같이 저절로 내 몸을 돈다. 참 기이한 일이다.

1984년 O월O일
뼈로 도는 임독맥 재개통

피부로만 느껴지던 기운 줄기가 이제 뼛속으로 흐르기 시작한다. 등뼈 마디마디가 아프고 다시 가슴 앞의 단중 뼈가 매우 아파온다. 뼈마디로 기가 통할 때마다 바늘로 꿰뚫는 듯한 고통이 온다.

1984년 ○월○일
소약의 성장

콩알만 하게 느껴지던 소약(단의 별칭, 작은 기의 덩어리로 빛으로 보임)이 이제 아이 눈깔사탕만 하게 느껴지기 시작한다. 정수리로 흘러들어 오는 기운과 소약의 기운이 합하여 입안에 향기나는 타액이 계속 흘러넘친다.

1985년 ○월○일
소약의 머리혈 개통

소약이 강한 줄기를 달고 머리를 빙빙 돌기 시작한다. 그와 동시에 머리에 쳐진 띠가 사라지며 시원해졌다. 작은 뱀처럼 기운 줄기는 귀와 눈과 옥침(뒷머리의 튀어나온 뼈)과 턱밑을 사정없이 뚫고 지나간다. 다니는 길에는 신경도 없고 근육도 없고 뇌도 없이 마구 뚫고 다닌다. 뚫리지 않을 때는 매우 고통스러우나 뚫리고 나면 그리 시원할 수가 없다. 너무나 격심한 기운의 돌진으로 온 얼굴에 힘을 주니 눈이 시뻘겋게 충혈되었다. 남이 알까 두렵다.

1985년 ○월○일
인당의 개통

퇴근길에 인당(이마 중앙의 혈로 지혜의 눈이 위치)이 터지면서 시원한 기운이 세차게 머리 속으로 들어왔다. 맑고 시원한 기운에 귀와 옥침도 같이 열린다.

1985년 ○월○일
선천지맥의 개통

내단이 눈 사이의 산근(양눈 사이의 혈)에 자리잡으면서 등의 협척(어깨 등뼈 사이의 혈)에 엄청난 진동이 일어나고 황홀한 쾌감과 함께 태아 때기가 흘렀다는 선천지맥(先天之脈)이 터졌다. 머리가 열린 후 실로 오랜만에 일어나는 엄청난 신체 변화였다. 10분 정도 강한 열감과 환희에 잠겼다.

1985년 ○월○일
묘유주천 시작

기운이 전후로 도는 것이 아니라 좌우로 돌기 시작했다. 윤진인이 쓴 글에 묘유주천(卯酉周天)의 묘용이 들어 있었는데 나도 기운의 흐름에 따라 기를 전후가 아닌 좌우로 돌기 시작했다.

1986년 ○월○일
천기가 내림

하루 종일 정수리에서부터 시원한 천기가 서리처럼 내리고 몸이 매우 상쾌해졌다.

1986년 ○월○일
산근에 소약이 머뭄

명치에서 어깨로, 귀로, 얼굴로 돌며 묘유주천을 하던 소약이 산근에 걸려 움직이지 않는다. 가만히 관하면 보름달 같은 둥근 원이 눈앞에 뜬다. 그리고 강하게 선천지맥을 당기기 시작했다. 산근과 정수리와 등의 협척, 하단전이 하나로 이어져 있는 맥이라는 것을 깨달았다.

1986년 ○월○일
감로가 쏟아짐

묘유주천 중에 내단이 코끝에 걸렸다. 그러자 갑자기 엄청난 양의 달콤한 타액이 입안으로 흘러들었다. 온몸에 온화로워진다.

1986년 ○월○일
내단이 뭉치다

여의주를 물고 용과 같이 돌아가던 형태의 기운덩어리가 이제는 내단이 기운을 모두 삼켜 구슬 모양이 되어 흩어지지 않는다. 내단이 머무는 곳은 주위의 기혈이 통하며 시원하고 짜릿해진다.

1986년 ○월○일
식성이 바뀌다

요즘은 식성이 바뀌어 비린 것과 매운 것, 양념류를 먹을 수가 없다.

1986년 ○월○일
기문이 모두 열림

항문과 성기, 용천과 노궁이 계속 진동하면서 기운이 흘러 들어와 몸의 모든 곳이 열리고 자연과 통한다. 칠공(몸에 7개의 열린 부분, 눈 코

귀 입 등)이 모두 열려 호흡을 하니 언제 어디서 무엇이든 기의 흡수가 가능하다. 고사에 여자의 몸을 가까이 하여 회춘했다고 하는데 그 이유를 알 듯하다. 그러나 이것은 자신의 이익을 위하여 남을 해치는 일이니, 도의 길을 가는 자가 행할 일이 아니다.

1986년 ○월○일
용호교구
새벽녘에 일어나 명상을 하던 중 귀에서 기운이 진동하는 소리가 10여 분 동안 들렸다. 그것은 주기를 가지고 계속 우웅! 우웅! 울어대다가 점차 약해졌다. 이것이 선도 서적에 머리의 신기와 하단전의 정이 만난다는 용호교구(龍虎交構)라는 현상인 모양이다. 온몸이 크게 진동하며 충맥이 하나로 통한다.

1986년 ○월○일
정문이 숨쉬다
어제 저녁에 직장 회식으로 술을 많이 먹었는데 정수리가 저절로 열리면서 벌떡 벌떡 호흡을 하였다. 알코올이 정수리로 빠져나가며 머리가 매우 맑아졌다. 이제 코뿐만 아니라 어린아이와 같이 정수리 숨골로도 호흡을 한다.

1986년 ○월○일
내단의 탁기 청소
굳었던 등 근육이 내단과 서로 당기며 통증이 강하게 나타난다. 내단은 몸의 막혀 있는 부분과 이어져 단의 힘으로 탁기를 빼내는 작용을 한다. 등의 음기는 통증으로 버티다 마침내 탁! 터지며 기혈이 유통되는 시원한 현상을 보인다.

1986년 ○월 ○일
내단의 혼란

점심 후에 가만히 앉아있는데, 내단이 제멋대로 옥침과 대맥을 거쳐 머리와 배를 빙빙 돌았다. 하단전에 내단이 모이자 온몸의 기운이 모두 하단전에 집중되어 하단전이 풍선처럼 부풀어 올랐다. 그러자 항문이 부르르 떨리며 커다란 폭발음을 일으키며 기가 빠져나갔다. 좀 더 조심하여 온양(기를 한곳에 모아 기르는 것)을 해야겠다.

1986년 ○월 ○일
비슈다 차크라를 관함

내단이 돌다가 자꾸 인후에 걸리면서 목청 부위를 강하게 당긴다. 비슈다 차크라(Vishuddha Chakra, 언어와 폐의 기능과 관련있음)에 집중하자, 목소리가 걸걸해지며 목이 잠기고 피가 썩인 가래가 나온다. 기분이 상쾌한 걸 보면 목 주위와 가슴에 막힌 기혈이 터지는가 보다.

1986년 ○월 ○일
내단이 머리를 뚫다

내단이 이제 얼굴 앞으로 해서 왼쪽 귀를 지나 턱밑으로 해서 다시 오른쪽 귀를 지나 옥침으로 20여 회 빙빙 돌았다. 머리가 시원해지면서 머리 이곳저곳에서 물결치는 진동과 함께 정수리에서 시원한 기운이 내려온다. 여기저기서 마치 못으로 찌르듯 짜릿한 쾌감과 함께 기운이 회오리바람처럼 들어온다. 마치 작은 번갯불이 번뜩이는 느낌이다.

1986년 ○월○일
감로가 중단전의 내단을 키우다.

요즘에는 머리에서부터 천기가 내리고 입안에서 감로가 흐르는 현상이 잦다. 달고 향긋한 침은 명치 속으로 스며들어 중단전이 크게 생겨났다. 내단이 그 속에 흘러 들어가 한동안 머물다 등 뒤의 협척으로 빠져나가 주천을 한다.

1986년 ○월○일
산근에서 유체이탈

저녁에 산근(山根)이 열리면서 내 의식이 깊은 빛 속으로 빠져 들어갔다. 너무나 맑고 새파란 둥근 터널 속을 한동안 회전하며 빨려 들다 육신과 영혼의 분리가 일어났다. 영혼은 나의 육체를 내려다보며 온 방안을 돌아다니고 있었다.

유체 이탈시 나는 위로 솟는다는 느낌이 들었으며, 내 몸을 보았고 내가 어떤 곳에 가고 싶다고 생각하면 내 영혼이 그곳으로 이동했다. 이러한 유체 이탈은 인체의 선천맥과 관련 있으며 이 맥의 특정 부위가 개발이 되면 태아 시절 굳게 결합되었던 영과 육의 분리가 일어나게 되는 것이다. 갑자기 공포가 밀려들며 겁이 나는 순간 깨어났다.

인간의 신체는 실로 오묘하다. 산근에 영혼이 오고 가는 출입문이 있다는 신비를 과연 누가 알 것인가?

1986년 ○월 ○일
잠자리 명상

오늘은 잠자리에서 깨어나 누운 상태에서 명상에 들었다. 그러자 용천과 백회에서 기운이 빨려 들어오며 백맥이 모두 들끓는다. 누워서 하는 법이 정신만 깨어 있다면 가장 효과적인 것 같다.

1986년 ○월 ○일
묘유주천

묘유주천(卯酉周天, 몸의 좌우로 돌리는 기순환)은 자오주천(子午周天,몸의 전후로 돌리는 기 순환)으로 단을 숙성시킨 후 행해야 한다. 묘유주천은 단을 정제하는 효과가 있어 내단을 기화시키기 때문이다.

1986년 ○월 ○일
무의식과 의식의 혼재

잠자리에서 기이한 체험을 했다. 하늘에 있는 강한 빛을 보았는데 무심히 그것을 왼손으로 받아들였다. 그 순간 엄청난 충격으로 잠에서 벌떡 깨어났다. 마치 벼락을 맞은 것 같은 충격으로 왼손에 열이 절절 끓고 있었다. 빛을 받은 왼손으로 엄청난 기운이 빨려 들어온다. 그러한 일이 한 보름 계속되었다. 꿈과 현실이 따로 존재하지 않는 것 같다.

1986년 ○월○일

내단의 숙성

내단이 끈기가 사라지고 매끌 매끌한 강기로 단단해지는 느낌이다. 주기적으로 작동하며 온몸을 열고 기를 빨아들인다.

1986년 ○월○일

근육 한올 한올마다 기가 통함

내단이 머리 위로 돌면서 얼굴이 마치 벌에 쏘인 듯 기가 툭툭 터지면서 근육이 한올 한올 살아나고 있다.

1986년 ○월○일

도인들과 만남

오늘 파고다 공원에서 두 명의 도인을 만났다. 박○○이란 사람은 자연에서 인과의 이치를 하나하나 꿰어 마침내 한 바퀴 돌려 이치를 통했다는 분이며, ○○○이란 사람은 나에게 ○○수라는 기진동 안마법을 시연해 보였다. 자기 나름대로 도를 깨치기 위해 노력하는 모습이었으나, 거기에는 이상한 기운이 흐르고 기술에 치우친 모습을 보였다.

1986년 ○월○일

영기 수행자

○○○란 사람을 만나 삼각안 명상법(제3의 눈을 활용한 집중법)을 배웠다. 그러나 수행 결과 그 속에는 엄청난 유혼의 세계가 깃들어 있음

을 알았다. 세상에 이러한 여러 가지 삿된 수행법이 존재하고 있으니 극히 조심해야 할 일이다.

1986년 ○월○일
신에 접한 도인

김○○이란 사람을 만났는데 알고 보니 마고신(민족 신앙에 있어서 창조 역할을 담당하는 할미신)을 접한 사람이었다. 그를 통해 신령계가 우리 주위에 깊이 관여하고 있음을 실감했다. 그는 유혼의 세계에 깊이 빠져 있었는데 강한 에너지를 지니고 있었다. 그런데 그를 만난 후부터 유혼의 세계가 계속 나에게 다가온다. 두려운 일이다. 접신한 자와의 만남은 귀신들과의 인연을 가져온다. 조심해야 할 것 같다.

1986년 ○월○일
유혼 현상

접신된 자들과 만난 이후 많은 유혼들이 나타난다. 유혼은 끝없는 환상이요, 길 없는 헤매임이니 속히 인연을 끊고 모든 집착을 버려야겠다. 어찌 근원의 자리에 부처와 예수의 상이 자리잡고 있을 것인가? 예로부터 귀신든 자보다 천한 인간이 없다고 했는데 오늘날은 신 접한 자, 영을 체험한 자들이 오히려 더 큰 능력자로 평가되고 있다. 신이 든다는 것은 그 의식이 약하다는 뜻이며 길을 잃고 헤매는 유혼의 세계에 빠졌다는 것이니 이를 극히 경계해야 한다.

1987년 ○월○일

내단이 상단전에 머물다

단이 숙성했는지 이제 순환을 하지 않고 인당에 자리잡아 온몸의 막힌 곳을 잡아당겨 기혈을 터뜨려 풀어준다. 단이 익으면 상단전에 머문다는 의미를 이해했다. 맑고 강해져 위로 오르는 것이다.

1987년 ○월○일

미향에 잠기다

새벽잠 속에서 갑자기 미향을 느끼며 코끝이 간지러워지는 것을 느꼈다. 가만히 그 간지러움을 관했더니 견딜 수 없는 강한 진동이 일었다. 이윽고 코끝과 눈 주위, 목덜미, 어깨, 가슴 등으로 옮아가며 막힌 기맥을 뚫으며 온몸이 향기로 가득 찼다. 향기를 가득 담은 기운은 몸을 서너 바퀴 돌며 30분 정도 계속되었다. 기묘한 체험이다.

1987년 ○월○일

전철의 전자파

요즘은 전철 안으로 들어가기가 겁이 난다. 지하철의 강한 전자파가 온몸을 마치 감전된 것처럼 만들기 때문이다. 그것은 자연의 기운보다 매우 탁하고 무겁게 느껴진다. 그러나 매우 강력하다. 처음에는 그것이 내단의 기운을 빼가는 듯 하더니, 내단이 성숙할수록 오히려 내단에 흡수되고 있다.

1987년 ○월○일

상단전의 내단을 관함

인당을 관하자 이마 중간으로 기운이 전류처럼 강하게 빨려 들어온다. 머리에 걸리던 둥근 테가 완전히 사라지고 머리 전체가 박하처럼 시원해진다. 산근이 열리며 선천기가 계속 빨려들고 둥근 마음자리가 나타난다. 상중하 단전이 하나로 통하며 하단전에 둥근 방이 생긴다.

1987년 ○월○일

선천기의 강렬함

하단전에 기운이 끓으면서 산근의 내단과 건곤교구(乾坤交構, 상단전의 신기와 하단전의 정기가 서로 교류하는 것)를 계속하고 있다. 이제 산근이 완전히 열려 맑고 강한 선천기(先天氣)가 계속 들어온다. 산근을 통해 선천맥으로 기가 흘러들면 강력한 황홀감이 온다.

1987년 ○월○일

대자연과 합일

상단전과 하단전의 건곤교구 속에서 중단전에 깊은 연못이 생기고 분화구처럼 끓기 시작한다. 온몸에서 화기가 일어나며 몸을 감미롭게 하고 용천의 지기와 산근의 선천기, 정수리의 천기가 하나로 중단전에서 합친다. 중단전에서 강한 태동이 느껴진다. 대주천이 일어나 우주와 하나로 통한다.

1987년 ○월○일

현관을 열다

산근을 통해 현관(玄關, 육체의 문을 열고 마음으로 들어가는 관문)이 열리며 둥근 빛이 마음속으로 열렸다. 엄청난 오르가슴 속에 2시간 정도 머물렀다. 마치 큰 구멍이 이마에서부터 명치까지 뚫린 것 같다.

1987년 ○월○일

마음자리를 보다

새벽에 정좌하고 마음자리를 내관했다. 온몸에 진동이 오고 맑은 거울 속으로 물아일여가 되었다. 그 상쾌함과 기묘함은 이루 말할 수 없다. 이러한 경지를 맛보면 평생을 앉아있어도 후회가 없으리라.

1987년 ○월○일

대정에 들어야 하나?

대정(세상과 인연을 끊고 조용히 명상에 들어 성태를 이루는 것)의 순간이 온 것 같다. 내단이 영글어 백회에 머물고 온몸의 기운을 빨아들이며 진동을 일으킨다. 이제 폐관(모든 인연을 끊고 면벽구년에 들어가는 것)을 해야 하는데 현실 속의 인간으로 삶을 떠날 수가 없다. 어떻게 해야 하는가? 생의 신비와 고뇌의 해결, 인류의 행복을 위해 어떻게 해야 할 것인가? 과연 여기에 그 길이 있는 것인가?

1987년 ○월○일

대약과 소약

이제 정좌만 하면 인당에서 둥근 혜광이 뚜렷이 나타난다. '소약은 물질의 태극이며 대약은 마음자리의 증득이다. 소약을 얻었으나 폐관을 하지 못하면 오욕의 현실 생활을 행해야 한다. 그렇지 않으면 열이 넘쳐 오히려 소약은 화가 된다.'는 상황이 지금인 듯 하다.

1987년 ○월○일

소약의 결정

현실과의 인연을 끊고 폐관하여 내단을 성태시켜 신선의 길을 갈 것인가? 아니면 계속 단을 수련하며 소약을 완성시켜 나갈 것인가를 고민하다가 소약으로 나가는 것이 현실과 병존할 수 있는 방법이라 결정하였다.

1987년 ○월○일

관규론의 마음닦기

선도 서적『관규론』에 실린 마음 닦는 비결이 내가 하는 방법과 일치하는 것을 보고 놀랐다. 인당에서 나타난 거울로 중단전과 하단전을 비추어 마음이 일어남을 청소하는 방법이었다. 이 방법은 잠자면서도 지속된다.

1987년 ○월○일

일월합벽

선도경전의 구절인 일월합벽(日月合壁)이란 말이 삼전(상·중·하단전)을 모두 열어 정기신을 모아 중단전에 성태(聖胎, 단과 의식을 합일하여 도태를 만드는 것)하는 것임을 깨달았다. 소약이 신실(神, 중단전 속에 도태가 머무는 방) 속에서 계속 무르익어 가는 느낌이다.

1987년 ○월○일

마음장상의 심화

성기가 불에 덴 듯이 화끈거리고 건들면 칼로 자르듯 짜릿한 통증이 온다. 모든 체액이 빠져버리고 오그라드는 것 같다. 이것이 성태시에 나타난다는 다섯 가지 현상 중 하나인가?

1987년 ○월○일

단을 익히다

산근이 열리고 신실이 열린다. 눈에서는 밝은 혜광이 나타나고 내면에서는 심연한 성광이 나타난다. 용천(발바닥 중앙의 혈)까지 진동이 일어나며 고황(등뼈쪽지에 있는 혈)이 꽝! 하고 터졌다. 머리가 여기저기 열리면서 기가 회오리바람처럼 머리 속으로 들어온다. 특히 백회의 숨구멍이 활짝 열려 마치 구멍이 뻥 뚫려 버린 듯하다.

1988년 O월O일
기의 한계

앉아서 많은 시간이 흐르자 기의 한계가 나를 짓눌러 온다. 성태를 맺어 출태를 하고 나의 의식이 신계와 통한다고 한들, 그것은 아직 우주의 이법을 깨닫지 못한 중생에 불과하다. 수많은 선도 서적들은 모두 종국에는 천상계로 돌아가 옥황상제의 곁으로 간다고 미신적으로 결론지어져 있다. 그 이유는 아직 선도에 깨달음의 빛이 없어 세상을 밝히는 이치를 깨치지 못하고 자기 합리화 속으로 빠져 들어간 때문인 듯하다. 아무리 수행이 높아졌다 하더라도 깨달음을 얻지 못한다면 그는 자신과 우주의 실상을 모르고 도는 중생에 지나지 않는 것이다.

1988년 O월O일
기와 마음의 분리

기이한 현상이 몸에 많이 나타났으나 몸에 기만 유통시키고 마음은 변함이 없는 기수행에 한계를 느낀다. 어떻게 해야 이 한계를 벗어날 수 있을 것인가? 너무 오랜 시간을 이 상태로 지내고 있다. 나 홀로 앉아 깊은 열락에 잠긴다 한들 이것이 아파하는 세상에 무슨 소용있단 말인가? 다른 명상기법에서 가능성을 찾아봐야겠다.

1988년 O월O일
마음 찾기

요즘은 마음이 일어나는 곳을 살피는 명상법을 행한다. 감정이 일거나 공포가 일어날 때 그곳을 관하면 마음자리가 열리며 묘한 지경에 들어간다.

1988년 ○월○일
마음의 근원

내가 무엇을 느낀다는 것은 또 하나의 다른 중심이 있다는 것이다. 느끼는 주체마저 사라져야 주객의 분리가 사라진다. 나를 느끼는 이것이 무엇인가? 느끼는 것은 어디에 존재하는가? 일어나는 근본은 무엇인가?

1988년 ○월○일
잦은 정적에 들다

다시 숙변이 나오다. 요즘은 자꾸 고요한 동굴 속에서 물방울 떨어지는 소리를 듣는 것 같은 깊고 깊은 정적에 자주 빠져든다.

1988년 ○월○일
소리의 중심을 관하다

퇴근길에 버스 속에서 소리의 중심을 관하다. 시끄럽게 들려오는 소리는 마음자리 속으로 들어간다. 그 순간 환한 마음 거울 속으로 들어가며 황홀한 묘경을 경험했다. 움직이고 있는 현실에서 이런 체험을 하기는 처음이다.

출태도

단에 의식을 실어 분신을 만들어내는 법으로 양신, 신선이라 한다.

1988년 ○월○일
유체 이탈

저녁에 누워 산근을 관하고 있는데 갑자기 깊은 터널 속으로 빨려 들어가면서 나의 영이 밖으로 빠져나와 내 육체와 방안을 지켜보고 있었다. 영은 나의 의지대로 움직인다. 거실에서 시간을 보고 다시 깨어났는데 일어나 거실로 나가 시간을 보니 같은 시간이엇다. 이제 마음만 먹으면 영육의 분리가 일어난다.

1988년 ○월○일
명상과 현실과의 괴리

명상에 몰입할수록 더욱 관념화되고 비현실적인 인간이 되어 간다. 명상은 나를 관념 속에 살게 하기 때문이다. 이 길 또한 나의 길이 아닌 것 같다.

1988년 ○월○일
라즈니쉬의 오류

라즈니쉬는 주시자조차 잃어버려야 하다고 주장했다. 그러나 그는 잘못 알고 있었다. 그는 명상의 기술은 익혔지만 명상의 본질은 알지 못했다. 그는 깨달음을 얻지 못했기 때문이다. 깨달음은 마음과 주시자의 분리가 일어난 상태를 이야기하는 것이 아니다.

그것은 명상의 기술적 주장에 불과하다. 깨달음이란 맑은 불성을 증득하여 일어나는 마음조차 없이 세상을 그대로 비추는 것을 의미한다. 즉 명경지수와 같은 맑은 마음을 항상 유지하는 것을 의미하는 것이다. 라즈니쉬의 명상법은 마음에 숙업이 쌓인 상태에서 자아인 주시자마저 망각함으로서 자아 상실의 상태로 들어가 버리는 것이다. 그래서 그의 아쉬람은 진리는 없고 마약과 섹스와 쾌락만이 가득한 혼란을 나타내고 있는 것이다.

1988년 ○월○일
명상과 에고
기수행이나 명상도 내 마음속 깊이 드리워진 에고의 숙업을 떨쳐버리지 못하고 있다. 어떻게 해야 우주의 근원과 하나 되는 일체감을 맛볼 수 있을 것인가? 안타까움 속에 시간은 계속 흐른다.

1988년 ○월○일
참선의 시작
최고의 종교라고 하는 불교에서 최상승법이라고 주장하는 참선으로 궁극적인 해결을 찾아야겠다는 결심을 했다. 기의 정체가 과연 무엇이며 생명과 어떤 관계가 있고 우주의 근원과 어떤 의미가 있는가에 대해 화두를 잡고 참선에 들어갔다. 그러나 집중해야 할 과제가 내단과 화두 두 가지이기 때문에 혼동이 생긴다. 그래서 이 둘을 모두 마음자리(중단전)에 모아놓고 같이 삭이기로 했다.

1988년 ○월○일
화두를 잡다
인식이 끊어진 곳에 무엇이 있는가? 하는 화두를 잡았다. 아찔한 황홀경을 느끼며 그 속으로 계속 들어갔다. 허공이 떠오르고 하단전에 푸른 백광이 생기고 다시 금광이 황홀하게 온몸을 감싼다.

1988년 ○월○일
나는 무엇인가

화두를 잡은 이래 꿈이 사라졌다. 모든 것을 비워버리기 때문인 듯하다. 보는 넌 누구냐? 의문이 끊어진 자리에 남아 있는 것은 무엇인가? 모든 것이 사라진 곳에 홀로 남은 '인식하는 나'는 무엇인가? 그것은 충맥의 텅빈 허공이며 오직 홀로 남은 황홀한 주체이다. 그것은 곧 자아의 빛이다.

1988년 ○월○일
물아일여

요즘에는 아무리 사람이 많은 곳에서도 쉽게 정적으로 들어간다. 옛글을 읽다가 '무념무상 물아일여'라는 표현을 보고 도대체 무엇을 말하는지 꿈속의 일처럼 궁금했는데 이렇게 일상 속에서 항상 체험하게 되다니 인생은 정말 알 수가 없다.

1988년 ○월○일
최면의 응용

최면기법으로 명상에 드는 기술이 매우 늘어 아주 쉽게 깊은 명상에 젖어든다. 내단의 힘이 크게 작용한 탓도 있으리라.

1989년 O월O일
육조단경의 한 구절

육조단경을 보면서 크게 깨달은 것이 있다. '생각이란 진여의 일어남이니 진여가 없으면 어찌 생각이 일어나랴? 진여가 없으면 생각조차 사라지리라.' 문득 찾으려는 의지가 사라지고 그저 텅 빈 상황이 다가왔다. 가슴이 열리면서 한동안 감동이 계속되었다.

1989년 O월O일
무자 화두

통근버스 속에서 '無'자 화두를 잡았다. 일 분 뒤 깊은 명상으로 젖어들었다. 모든 것을 지우고 또 지우고, 계속 無!!! 하고 파고 들어갔다. 그러던 중 갑자기 인당이 확 밝아져 오면서 세상이 하나로 다가왔다. 온몸이 비에 씻긴 것처럼 깨끗해진 느낌이다.

1989년 O월O일
통근버스 속의 무

오늘도 무자 화두를 잡고 통근버스를 타고 가는데 시끄러운 엔진소리 속에서 마음이 사라지는 묘한 체험을 했다. 마치 망치로 얻어맞은 멍한 느낌이라고 할까? 온갖 마음이 허공 속에 헛되이 오고가고 있었다. 허공이 뚜렷이 관해지고 모든 시방법계가 허공 속에서 오가고 있었다. 한치의 어김없는 인과의 이치가 일어나 세상을 꾸미고 있음이 보이고 흘러가는 인연법이 느껴지기 시작했다.

완전한 법계 속에 이 세상 모든 것이 스스로 생겨나 돌고 있었다.

모든 것이 하나 되어 거대하게 돌고 있으니 어찌 그곳에 내 것, 네 것이 있겠는가? 불성은 오직 하나일 뿐이다.

1989년 ○월 ○일
대자유는 어디에

모든 것이 있는 그대로 비친다는 대원평등지(大圓平等智 모든 것이 하나 됨을 보는 경지)를 이해하다. 완전한 대자유의 경지인 성소작지(成所作智 원하는 대로 이룰 수 있는 경지)는 언제 다가올 것인가?

1980년 ○월 ○일
허공장에 들다

오늘 하루 종일 허공장 속에 들어있었다. 그 속에서는 모든 것이 사라졌다. 몸도 사라지고 마음도 사라진다. 남은 것은 오직 분명한 세상의 실체밖에 없다. 허공 속에서 나의 감정과 마음과 세상일이 흘러가고 있었다.

1989년 ○월 ○일
존재의 비밀

본래부터 불성은 이 우주에 오롯하다. 완전하므로 존재하고 스스로 뜻을 내며 영원히 움직인다. 완전히 존재하는 것은 완전하게 움직이며 일체의 것을 관장한다. 모든 것이 한치의 어김없이 움직이며 완전한 뜻으로 자존한다. 그리고 생겨난 모든 우주는 다시 거대한 완전성 속으로 흡수된다.

어설피 깨달은 사람은 세상이 짓고 사라지는 것을 보고 헛된 뜬구름같다고 한다. 그러나 완전히 알면 세상은 영원히 돌며 매순간이 소중한 실체임을 안다. 불성은 존재하기에 움직이며 완전하기에 완전한 모습과 뜻으로 자신을 나타내고 있는 것이다. 이것이 세상의 참된 실상이다.

1989년 O월O일
생명의 의미와 가치
인과의 이치는 법계 속에 철저히 흐른다. 우리가 생명을 지니듯 우주도생명을 그 본질로 하고 있다. 함께 신비를 안고 같이 돌아가고 있으니 우주는 생명 그 자체요, 우리는 신성 그 자체이다. 나의 행동 하나 하나가 신성 속에서 우주의 율동으로 이루어지고 있으니 얼마나 장엄하고 신비로운가?

1989년 O월O일
기와 명상의 한계
화두가 익으니 이제 화두를 잡기만 하면 바로 마음이 드러나고 신실 속의 아한카라(자아)의 빛이 바로 드러난다. 삼전이 열리고 대주천이 일어난다. 그러나 마음은 열리지 않는다. 아무리 명상이 깊어진다고 한들 눈이 열리지 않고 마음속에 깊이 스민 숙업을 지우지 못한다면 무슨 소용이란 말인가? 부처님이 요가 수행의 헛됨을 한탄하며 보리수 나무아래 모든 것을 포기하고 앉았던 일을 이제 이해할 만하다.

1989년 ○월○일
진짜 공과 거짓 공

논리적으로 공을 이해하는 것과 내 스스로 고요히 진공이 되어 우주와 하나 되는 것, 그리고 단순히 세상을 보는 것과 행주좌와 어묵동정((行住坐臥 語默動靜 사람의 모든 일상) 간에 우주와 하나 되어 보는 것은 하늘과 땅 차이만큼 크다. 어떻게 해야 마지막 껍질을 벗어 던지고 우주와 합일할 수 있을 것인가?

1989년 ○월○일
숙업의 문제

더 이상 구할 것이 없는 줄 알았는데 가족 일과 직장 문제가 나타나니 명상이 되지 않는다. 아직 숙업과 감정의 찌꺼기를 털어 버리지 못했는데 어찌 항상 맑은 반야의 의식 속에 머물 수 있겠는가? 해탈은 고행이나 수행으로 이를 수 있는 것이 아니라 세상을 가득 채우는 공덕행이 있어야 완전한 마음을 얻는다는 부처님의 말씀이 자꾸 떠오른다.

1990년 ○월○일
마음과 지혜의 완성

대학원 화엄학 시간에 '사사무애법계(事事無碍法界)'에 의지해 환상의 해탈을 주장하는 선승들의 허구에 대해 지적했다. 오늘날 선승들은 세상을 환으로 보고 그 속에 일어나고 있는 모든 것을 법성의 표현이라 하여 걸릴 것이 없고 견성했다고 주장한다. 그러나 깨달음과 혜안은 완전한 심해탈에서 나타나는 것이다. 마음속에 오욕이 남아 있어 인연에 따라 먼지가 일어나는 사람은 그 마음으로 세상을 비춰보지 못한다. 해탈지심이란 그 마음이 완전히 정화되어 일어날 먼지조차 없기 때문에 행주좌와 어묵동정 간에 항상 반야지심에 머물어 세상을 비춰보는 것이다.

그럼에도 오늘날에는 마음에 먼지가 일어나는 사람들이 머리만 깨쳐 해탈했다고 주장하는 경우가 대부분이다. 분명한 사실은 마음이 완전히 정화되어 해탈에 이른 자는 지혜가 온다는 사실이다. 즉 심해탈(心解脫)과 혜해탈(慧解脫)은 둘이 아니요, 하나인 것이다.

조사선의 한계 (1990년 ○월○일)

현재 조사선(祖師禪 : 육조 이후 부처님의 여래선(如來禪)과 구분하여 부르는 선가의 수행법)의 깨달음의 문제는 법계를 공한 허공으로 보고 걸리지 않는 자유를 얻는 것이다. 그러나 이것은 깨달음의 실체를 모르는 자가 혼자만의 환상에 젖어 꿈을 꾸는 것에 불과하다. 그는 생명의 종자인 마음을 버리고 진리마저 외면한 것이다. 관념화된 허위의 평안 속에서 생생하게 움직이는 세상의 고통과 불행을 외면한 자는 양심과 진실이 없는 자이다. 이러한 자는 부처의 정법을 간 것이 아니라 정반대로 말법의 길을 간 것이다. 진정한 깨달음을 얻었다면 마음의 해탈은 물론 세상을 구하는 영원한 진리의 빛도 제시해야 하는 것이다.

1990년 ○월○일
혼자만의 깨달음

나는 한때 모든 것이 사라지고 맑은 마음에 세상이 모두 비치는 체험 속에서 기쁨에 들떠 오도송(悟道頌 깨달음의 시)을 불렀다. 그리고 그 체험이 영원한 완성의 경지로 나를 인도해 줄 것을 믿어 의심치 않았다. 그러나 그것은 깊고 달콤했지만, 그 환상은 오래가지 않았다. 선정 속에 들어가 있을 때는 명경과 같이 맑은 마음속에 모든 것이 거울처럼 비쳐왔지만, 다시 세상에 나아가 활동할 때면 갖가지 끈적끈적한 인연 속에서 집착과 욕망은 울렁거렸고 나의 의식은 다시 흐릿한 상태로 되돌아갔다. 비록 최고의 경지에 이르는 체험을 했다고 자부심을 가졌으나, 나 자신을 돌아다보면 아직 나의 깊은 곳에 자리잡은 에고는 사라지지 않고 있었고 과거와 다른 나를 찾을 수가 없었다. 그러는 가운데 3년이란 세월이 하릴없이 지나가고 있다.

1990년 ○월○일
허망한 시간들

나는 점차 홀로 앉아있는 시간이 허망하게 느껴지고 부처님의 일화가 사실일 것이라는 판단이 들기 시작했다. 선정삼매에 빠지는 무아지경은 진정한 반야의 체험이 아니었고, 진정한 무를 체험한 것이 아니라는 사실이 점차 명백해지기 시작했다. 선정으로 '무'라는 화두를 깨치기에는 근본적인 문제가 있다는 것을 깨달았다.

1990년 ○월○일
부처의 진실

나는 부처님의 말씀이 사실임을 확신했다. 부처님은 깨달음을 얻고자 아무도 따라올 수 없는 고행을 했으며 두 요가스승을 만나 그들보다 앞선 최고의 경지에 올랐지만, 마음을 해탈하여 절대적인 평안에 이를 수가 없었다. 저잣거리에 나가 세상의 번잡한 일들과 바람결에 들려오는 가족들의 소식을 들을 때면 다시 마음속에 가라앉아 있던 집착과 애욕의 물결이 출렁거렸다. 당신이 깨달음을 얻고 나서 그 실상을 보니, 당신의 깨달음은 현생의 고행이나 명상에 의해 온 것이 아니라 수많은 생에 걸쳐 쌓아온 공덕이 세상을 가득 채울만 했기에 그로 인해 비로소 이생에서 깨달음을 얻으신 것이었다. 그래서 당신은 기존의 고행이나 수행보다 바르게 알고 바르게 행하여 좋은 원인을 지으라는 생활 속의 팔정도(正道, 부처님이 밝히신 8가지 바른 삶의 길)를 밝히신 것이었다. 나는 홀로 삼매에 들어있는 시간들이 점차 허망하게 여겨지기 시작했다.

1990년 ○월○일
공덕행

깨달음은 모든 사사로움을 버리고 더 이상 구할 것이 없는 맑음을 증득한 상태이다. 즉 그 영혼이 모든 집착과 욕망에서 벗어나 걸림이 없는 대자유를 얻은 것을 말한다. 깨달음은 걸리지 않은 순수의식이다. 순수의식은 근원에서 일어나 모든 생명을 낳고, 생명은 다시 완성되어 순수의식으로 돌아가면서 영원한 완전성의 순환이 계속된다.

이것이 인간의 존재 이유이며 본질이다. 인간의 존재 목적인 해탈은 우주의 뜻과 인간의 공덕이 무르익어서 이루어지는 우주의 열매이니 욕심으로 구하려고 해서는 오히려 화를 당하게 된다.

반야지심은 논리로서 말하는 공이 아니요, 마음으로 체득하여 이루는 결실이니 오직 생생한 삶을 통해서만 증득할 수 있다. 그래서 부처님도 갖가지 고행과 수행으로 깨달음을 얻지 못하고 오직 세상을 가득 채울만한 공덕이 있어 깨달음을 얻었다고 하지 않았는가? 이제야 비로소 깨달았다. 선정이란 몸과 마음을 지키고 정체를 밝히는 데 쓰일 뿐 마음을 닦아 결실을 이루는 것은 오직 공덕행만이 가능하다는 사실을....

1990년 8월 ○일
현실의 안타까움

나의 수행과 관계없이 지금 이 순간에도 수많은 이웃이 고통 속에 신음하고 있다. 세상을 구하지 못한다면 신선이 되어 무얼 하겠는가? 과연 신선이 된다고 한들 세상을 구하는 진리를 밝힐 수 있을 것인지 의문이 든다.

1990년 ○월 ○일
선도의 한계

가만히 생각하면 여태껏 나는 남의 공부만을 했다. 무조건 앉아 내단을 지켜본들 깨달음은 다가오지 않았고 나 혼자만의 지락으로 그쳤다.

내가 수행을 하는 이유는 몸의 유익함을 구함이 아니라 세상을 밝힐 수 있는 길을 찾기 위함인데 나의 길은 시간 낭비 이외에는 다름 아니었다. 부처님이 명상의 한계에 대해 분명히 밝혔는데도 불구하고 나는 홀로 앉아 '이뭣고?'로 시간만 까먹고 있는 것이다.

이것은 단전호흡도 마찬가지이다. 단전호흡은 연정화기(練精化氣), 연기화신(練氣化神), 연신환허(練神還虛), 연허합도(練虛合道)의 단계를 거친다. 기와 신을 다스리고 단을 포태하여 여기에 의식을 실어 불로장생의 신선체를 만드는 것이다. 그러나 의식을 단에 실어 신선이 되었다 하더라도 그 의식을 해탈하지 못했다면 아무리 영생을 얻었다 하더라도 그는 미혹한 중생에 불과한 것이다. 따라서 해탈을 위해서는 마음을 깨치는 정법이 필요한데, 그 길은 단을 만드는 기술에 있는 것이 아니라 바른 삶에 있는 것이다. 이제 방황을 끝내고 수행에서 벗어나 삶으로 돌아가야 할 것 같다.

1990년 O월 O일
스승과의 만남

저녁에 파고다 공원에서 한 깨달은 분을 만났다. 그는 아는 것은 안다고 하고 모르는 것은 모른다고 했다. 그의 앞에서는 모든 것이 명확했다. 놀라운 것은 그의 이마 정중앙에 전설로 전해져 내려오는 지혜의 눈이 튀어나와 있는 것이었다. 그 크기는 지름이 2.5cm 정도이며 중간이 약 5mm 정도 튀어나온 둥근 기운의 결정이었다. 그의 말에 의하면 깊은 반야의 체험을 한 후 깨달음을 얻자 반야의 진기가 응결되어 사리가 맺힌 것이라 했다.

그분은 행주좌와 어묵동정 간에 항상 반야에 머물고 있었으며 몸에서 오욕이 모두 물러나 있었고 오직 세상에 대한 사랑만이 남아 어떻게든 세상에 진리의 빛을 전하고자 애태우고 있었다. 오늘 이 인연이 심상치 않으리라는 느낌이 들고 가슴이 뛴다.

1991년 ○월○일
뜻과 진리의 세계를 보다

오랜만에 다시 깨달은 이를 만나 많은 이야기를 나누었다. 그분의 실상을 보는 혜안 앞에서 나의 추상적인 깨달음은 아무런 힘을 쓸 수 없었다. 그는 증거를 가지고 나를 공박했고, 나는 그저 고개를 떨구고 수긍할 수밖에 없었다.

그는 아무도 말하지 못했던 우주의 실상과 진리의 의미에 대해 간단하고 명확하게 밝혀 주셨다. 이 세상은 완전한 법계이며 태초부터의 완전한 약속(진리, 법)이 이 세상을 지키고 있으니 바른 이치에 따라 세상을 축복하면 마음속에 모든 욕망과 사심은 사라지고 인간의 마음이 꽃피어 해탈이 온다고 했다. 그리고 진실은 존재하는 사실이며 존재하지 않는 것은 거짓이며 환상이니, 존재하는 사실에 의지해 살 때 우리의 삶은 참되고 거짓이 없으며 바라는 바 결과를 얻게 된다고 하셨다.

나는 그분의 말씀을 듣고 석가모니의 말씀과 한치의 어김없음을 느꼈으며 마음을 가리던 모든 의문이 사라지고 눈앞이 밝게 비치기 시작했다. 그리하여 세상을 관통하여 흐르는 완전한 뜻의 세계와 인과의 이치를 알게 되었고 참된 진리의 실체를 보게 되었던 것이다. 그리하여 나는 자리를 털고 일어나 오랜 구도 수행에 졸업을 선언했던 것이다.

1992년 ○월○일
수행일기를 마치며

이제 10여 년 동안 방황하며 써오던 일기도 더 쓸 것이 없을 듯 하다. 모든 의미를 알았고 더 이상 구할 것도 없으며 세상을 위해 해야 할 일만 남았기 때문이다. 이 우주는 완전한 조화를 갖춘 신성한 조화체이며 인간은 신성을 대표하는 가장 고귀한 존재이다. 따라서 인간은 우주가 정해놓은 이치에 따라 살아가야 하는 것이며 그 길을 따라 열심히 살아가면 우주의 열매인 해탈에 이르는 것이다. 이 길을 우리는 진리라 하며 세상 속에서 올바르게 사는 삶이 곧 최고의 수행법이다.

생각해보면 인간의 힘은 위대하다. 생명의 본질에 맞닥뜨릴 수 있는 참선과 선도, 각종 명상기법을 발견해 내었기 때문이다. 그러나 이러한 방법들은 전문적인 기술에 해당되는 것으로 오히려 세상을 어지럽히고 삶을 경시하는 주객전도의 결과를 가져왔으니 참으로 안타까운 일이다.

참선의 본질은 자신의 생명과 의식의 근원을 궁극까지 추구해 들어가 우주의 근원에까지 이르는 것을 본질로 한다. 그러나 인간완성의 경지인 해탈은 자신 속에 내재된 업을 모두 지워버려야만 이루게 되는 것이니 단순한 의식의 집중이나 특별한 기법으로는 업을 지울 수 없으며 오직 삶의 실천을 통해서만 가능하다. 업이란 전생에 그릇된 행위로 자신 속에 쌓은 것이니 이를 지우기 위해서는 다시 밝은 행위로 그 어둠을 지우는 수밖에는 딴 도리가 없다. 그러므로 산속에 홀로 앉아 마음만으로 업을 지우고자 한다면 아무리 오래 있어도 좋은 원인을 짓지 못하니 숯을 갈아 거울을 만들려는 것처럼 어리석은 일이다.

기와 호흡으로 이루어지는 단전호흡은 무엇인가? 우주는 기(에너지)로서 움직이고 있는데 단전호흡은 이런 기운을 몸으로 받아 이를 조절하고 운용하여 인간완성의 경지에 이르고자 한다.

그러나 인간완성의 경지인 해탈은 최고로 높은 차원의 기운인 마음을 정화하여 궁극의 진기를 이루는 것이니, 마음보다 하위 차원인 기를 아무리 돌린다 한들 마음을 닦기가 어렵다. 그리고 단전호흡은 아직 구체적인 깨달음의 실체를 제시하지 못하고 있으며 세상을 밝히는 진리도 내놓지 못하고 있는 실정이다. 그래서 많은 선도 경전은 끝에 가서는 신선이 되어 옥황상제 곁으로 간다는 다분히 미신적인 결론으로 끝이 나는 것이다.

이러한 것은 다른 명상기법에 있어서도 마찬가지이다. 대부분의 명상 기법들은 삶과 유리된 채 명상 자체에 몰두하고 있다. 그러나 깨달음이란 올바른 삶에 의해 다가오는 인간완성의 길로서 삶 속에서 이루어져야 하는 것이 원칙이다. 살아 움직이는 생명체가 삶을 살지 않고 명상으로만 인간완성을 이룬다면 그러한 깨달음은 인간 세상에 별 도움이 되지 못할 것이며 현실에서 유리되고 만다.

나는 참선과 기수행 등 갖가지 구도의 길을 통하여 세상에서 말하는 모든 수행의 궁극에 이르렀다. 단이 맺혔고 사하스라라 차크라를 열었으며 무자 화두를 타파했다. 그래서 이 세상이 거대한 의미 속에 나타난 신성한 존재이며 하나의 진리로 이어지고 있음을 보았다.

그러나 나의 에고는 계속되고 있었고 세상은 여전히 나와 따로 존재하고 있었다. 아무리 초능력을 얻고 영생불사를 이룬다 한들 세상과 하나됨을 얻지 못하고 마음이 해탈을 이루지 않는다면 그것은 중생에 불과할 뿐이다.

그래서 수행에서도 마음의 평안과 진리의 실체를 찾지 못한 나는 마지막 잡은 끈을 놓쳐버린 연처럼 또다시 중심을 잃고 무한한 심연을 허우적거리고 있었다. 그러던 중 나에게 이생에서의 방황을 마지막으로 종식시킬 수 있는 완전한 깨달음과의 만남이 다가왔던 것이었다.

나는 지금도 하늘이 나에게 이생에서 진리의 궁극적인 실체를 볼 수 있도록 기연을 마련해 주심에 감사하고 있다. 그것은 바로 완전한 해탈을 증득한 성자와의 만남을 현실에서 이룬 것이었다. 성자와의 만남은 궁극적인 진리의 빛을 찾아 헤매던 마지막 방황 속에서 우연히 종로 파고다 공원 정문 옆 길가에서 이루어졌다.

그는 소수의 제자들을 데리고 자리에 앉아 자신이 본 뜻의 세계와 진리의 실체에 대해 순수하고 의연한 언어로 외치고 있었다. 그러나 번뇌와 환상에 찌든 현대인들은 아무도 그의 말에 소중히 귀를 기울이지 않았다. 그러나 우연히 그 곁을 지나던 나는 그의 말속에 영원한 생명의 힘이 들어있음을 본능적으로 느끼고 있었다. 그 말씀은 너무나 순수하여 한마디 한마디에 나의 영혼은 이슬에 파묻지는 샛물처럼 방울방울 깨어나고 있었다. 수많은 현대 석학들의 저서를 읽으면 나의 정신은 탁한 물감을 섞는 것같이 어지럽고 복잡해졌지만 그의 말은 청량한 생명수와 같이 한마디마다 나의 정신을 깨어나게 하고 있었다.

그분의 깨달음의 빛은 과거 성인들의 말씀과 한치도 다름이 없어 현대 종교의 거짓과 허위를 분명히 가려낼 수 있는 기준이 되었다. 현대 종교 속에 성자들의 가르침이 쇠한 것은 그 진리가 관념이나 상상이기 때문이 아니라 어리석고 불완전한 인간들이 이기심과 자기 생각으로 함부로 진실을 왜곡시켰기 때문이다. 이와 같이 왜곡된 종교는 성자들의 가르침마저 오도하여 수많은 후손들을 불행 속에 살게 했으며 성자들의 지혜와 진리마저도 부정하는 죄악을 범하게 만들었던 것이다.

그분과의 만남에서 나는 이 우주가 완전한 법계로 신성한 근원과 완전한 진리에 의해 이루어지고 있음을 보게 되었으며, 인간은 단순한 고깃덩어리가 아니라 우주와 이어지는 신성한 존재임을 분명히 깨닫게 되었던 것이다. 따라서 인간이 우주에 드리워져 있는 약속에 따라 바른 이치를 지켜 세상을 축복하는 좋은 원인을 지으면 마침내 그 마음이 꽃피어 우주의 열매로 완성되는 것이다.

이러한 신성의 체험은 종교와 무관하다. 인간완성의 경지란 모든 인류의 삶에 공통적으로 나타나는 현상이기 때문이다. 성자란 인간의 이상에만 존재하는 것이 아니라 현실 속에 실제로 나타나는 현상이며 바른 삶을 살아가는 누구에게나 일어날 수 있는 경지인 것이다. 그래서 때와 장소를 가리지 않고 사람사는 곳이면 어디서든 성자들이 나타났으며, 앞으로도 양심을 가진 인류가 존재하는 한 성자들은 여기저기서 계속 나타나게 될 것이다.

  세상 속에는 완전한 신성의 뜻과 절대적 진리가 존재하며 인간에게는 신성과 합일할 수 있는 깨달음의 길이 존재한다. 사람들이 이러한 사실을 분명히 인식하게 될 때 세상은 질서를 회복하게 될 것이며 인간은 삶의 의미와 가치를 되찾게 될 것이다. 우주의 신성함과 진리의 존재성, 인간의 무한한 의미와 가치를 아는 것이야말로 현대문명의 무의미와 혼란에서 벗어날 수 있는 유일한 해결책이다.

  그래서 나는 본서에서 성자들이 밝힌 진리가 과연 무엇이며 오늘날 세상살이가 얼마나 환상적이며 거짓된 것인가를 보고 듣고 체험한 사실을 증거로써 분명히 제시하는 것이다.

스승님 존영(1992년 51세 때)

어두운 세상에 길은 있는가

초판 1쇄   2025년 7월 15일

지은이	허해구
발행인	김재홍
교정/교열	김혜린
디자인	박효은
마케팅	이연실

발행처	도서출판지식공감
등록번호	제2019-000164호
주소	서울특별시 영등포구 경인로82길 3-4 센터플러스 1117호(문래동1가)
전화	02-3141-2700
팩스	02-322-3089
홈페이지	www.bookdaum.com
이메일	jisikwon@naver.com

가격	20,000원
ISBN	979-11-5622-943-8 03810

ⓒ 허해구 2025, Printed in South Korea.

- 이 책은 저작권법에 따라 보호받는 저작물이므로 무단전재와 무단복제를 금지하며, 이 책 내용의 전부 또는 일부를 이용하려면 반드시 저작권자와 도서출판지식공감의 서면 동의를 받아야 합니다.
- 파본이나 잘못된 책은 구입처에서 교환해 드립니다.